개미군단 대박맞이 주식투자

한양증권 투자분석팀장

홍성걸 지음

가림M&B

뉴 밀레니엄 01
주식투자전략

개미군단

초보에서 인터넷 활용까지 주식투자의 확실한 성공전략

대박맞이

주식투자

한양증권 투자분석팀장
홍성걸 지음

가림M&B

뉴 밀레니엄 주식투자전략
개미군단 대박맞이 주식투자

2000년 1월 15일 제1판 1쇄 인쇄
2000년 1월 20일 제1판 1쇄 발행

지은이/홍성걸
펴낸이/강선희
펴낸곳/가림M&B
편집·교정/장연수·이선희·김민숙

인쇄/(주)애드그린 인쇄
제본/원진제책

등록/1999. 1. 18. 제5-89호
주소/서울 광진구 구의동 57-71 부원빌딩 4층
대표전화/458-6451 팩스/458-6450
인터넷 http://www.galim.co.kr
e-mail galim@galim.co.kr
천리안 ID galimmb

값 9,500원

ⓒ 홍성걸, 2000

ISBN 89-950312-8-X 13320

　IMF 외환위기 이후 경기회복이 본격화되고 저금리로 인한 주식투자에 대한 메리트가 지속되고 있어 증권투자가 우리생활에 주요한 재테크 수단으로 자리잡게 되었다. 종합주가지수는 1998년말 562포인트에서 현재 1000포인트를 넘나들고 있는데, 주식시장의 폭발적인 상승 보도가 매스컴에 오르내리게 되면 개인투자자에게는 때론 약이 될 수도 있고 때론 병이 될 수도 있는 계기가 되곤 한다. 그러나 주식시장은 과거나 지금이나 보이지 않는 룰(Rule)이 있으며 체계가 있다. 그러한 주식시장의 이면을 제대로 파악할 때만이 성공투자의 초석이 되는 법이라고 생각한다.

　중앙문화센터에서 운영하는『증권교실』강좌에서 수강생들과 매주마다 접하면서 개인투자자들이 이해하지 못하는 부분들을 알기쉽게 설명하고자 이 책을 쓰게 되었다. 그간 증권제도가 많이 바뀌었고 투자환경이 과거와는 판이하게 달라져 있기 때문에 어렵게만 느껴지는 것이 당연하다. 그럼에도 불구하고 지금까지의 증권 관련책들의 내용이 대체로 복잡하거나 아니면 일확천금의 꿈을 심어주는 데에 초점이 맞추어져 있기 때문에 초보자들로서는 도무지 어느 장단에 춤을 추어야 할지 모르는 것이 아닐까 하는 생각이 들었다.

　또 한가지 개인투자자들이 주식투자가 어렵게만 느껴지는 이유는 시장변동성이 심하고 특히 종합주가지수는 오르지만 정작 자신은 수익이 나지 않는 상황에 직면하게 되면 증권투자에 매

력을 점차 잃어버리기 때문일 것이다. 주식시장에 대해 전혀 모르는 증권초보자도 있을 것이고 또는 겁이 나서 선뜻 주식매수에 나서지 못하는 사람들도 적지 않을 것으로 짐작된다.

이 책은 이런 분들을 위해서 증권시장 전반의 내용들을 함축하여 이해를 쉽게 설명하는데 초점을 맞추려 하였으며 필자의 경험을 바탕으로 보다 현실적인 접근을 하려고 노력하였다. 개인투자자들이 증권시장을 이해하는데에 조금이나마 도움이 되었으면 하는 바램이고 투자의 밑거름이 되었으면 한다. 어느 분야이건 끊임없는 노력이 지속될 때 행운이 찾아오는 법이며 승자와 패자는 어느 곳이든지 항상 있게 마련이어서 패자가 되지 않기 위해서 상대를 어느 정도는 알고 있어야만 하는 것이 특히 주식시장인 것이다. 그러므로 증권시장의 이모조모를 종합적으로 체계있게 공부한 이후 증권투자에 나서는 것이 바람직하다고 믿는다.

끝으로 책을 펴내게 해주신 가림M&B 강선희 사장님과 직원여러분, 그리고 그간 바쁜 업무속에서도 원고와 자료정리에 적잖이 도움을 준 강세진, 김희성, 성태형, 채창수 연구원, 동원경제연구소 신진호 책임연구원에게도 감사의 마음을 전한다.

2000년 1월
저자 홍성걸

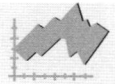

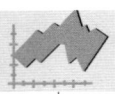

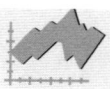

제2장 증권시장의 이해

제3장 코스닥 증권시장

제4장 주식시장의 예측

제5장 해외증권시장과 종합주가

부 록

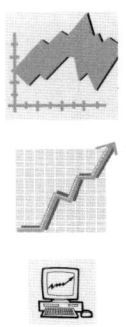

제1장
주식투자의 첫걸음

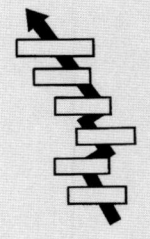

증권투자 이야기

1. 증권투자란

증권시장은 아주 오래 전부터 있어 왔지만 아직까지 주식에 대해서 "주식은 바로 이런 것이다"라고 자신있게 이야기할 수 있는 사람은 예나 지금이나 없는 것 같다. 특히 투자경험이 많으면 많을수록 그런 말을 많이 하게 된다.

필자는 증권회사에 다니게 된지 올해로 11년째가 되었지만 주식을 어떻게 하는 것이 좋으냐고 주위에서 물어오면 선뜻 대답을 하지 않는다.

옛말에 10년이면 강산도 바뀐다고 하는데 '주식시장' 이야말로 변화무쌍해서 10년 전과 오늘날의 주식시장을 비교한다면 천지차이(天地差異)라고 할 수 있다.

내가 증권회사에 입사하게 된 시기도 요즘과 같은 폭발적인 활황시기였다.

지금으로부터 11년 전 대학을 졸업하던 해에 '88 서울올림픽'이 열렸다. '88 서울올림픽' 이전까지는 미국을 중심으로 하는 자유민주주의 국가들과 러시아(구 소련)를 중심으로 하는 사회주의

국가들간의 대립으로 보이코트 되곤 하는 반쪽 짜리 올림픽이었으나 서울올림픽은 그러한 이념적 대립과 갈등을 초월하는 최초의 화합의 장을 마련한다해서 지구촌 구석구석 초미의 관심 속에 열리게 된 것이다.

국민의 관심 속에 세계인이 주목하던 올림픽행사가 성공리에 마무리되었다. 그때까지만 해도 주식에 별로 관심들이 없었는데, 오늘날 다시 활황세를 맞아 투자설명회[1]가 빈번하게 열리고 초보자 증권강의 안내기사가 일간지에까지 보도되는 등 온 국민이 다 주식시장에 뛰어들었나 싶을 정도로 열기가 대단하게 변화되었다. 올림픽이 끝나자마자 주식시장의 폭발적 상승세로 말미암아 억대 샐러리맨 탄생 등 장안의 화제거리가 '주식' 뿐인가 싶을 정도까지 되었다. 증권사 직원의 인기는 그야말로 상한가! 그러나 그 동안 10년간의 기억을 더듬으면 말할 수 없을 만큼 수많은 감정이 교차된다. 대세상승기에 몰려들었던 수많은 투자자와 직장동료들이 지금은 어디서 어떻게들 살고 있는지 궁금해질 때가 종종 있다.

증권사 직원들은 사실 고민이 많은 편에 속하는 부류의 사람들이다. 1980년대 말까지만 해도 증시의 투자패턴은 그야말로 단순하였다. 금융, 무역, 건설주의 순환매가 계속 이어지는 단순패턴이었기 때문에 투자의 결정이나 매매패턴이 쉽다고 할 수 있었다.

그러나 외국인 한도가 확대된 이후 1990년대에 와서는 그 양상이 많이 달라지게 되었고 그로 인한 가변성이 높아지면서 주가에 대한 차별화와 외국인의 영향력 등 개인의 증권투자는 점점 어려워지게 된다. 특히 오늘날은 세계증시와의 동조화 경향이 점점 높아지면서 외국인 투자가의 영향력은 갈수록 높아져가고 있다.

2. 증권투자의 매력과 마력

증권은 은행예금과 달리 가변적인 상품이다.

실세금리대로 투자자산이 일률적으로 불어나는 일반적인 예금·적금에 익숙한 우리나라 국민적 정서에 한번씩 주식시장 활황(活況)이 되면 신규투자자가 많이 생겨나게 마련이다. 더군다나 올해는 저금리기조가 이어지고 그 열기가 가속화되어 주식형 수익증권[2]과 뮤추얼펀드[3] 등에 자금이 집중되고 있다. 그러나 이러한 근본적인 이유는 한 자리수 낮은 금리에 만족하지 못하는 공사채형 수익증권가입자가 실세금리보다도 10배까지 높은 수익이 나고 있는 주식형 수익증권으로 이동하고 있기 때문일 것이다. 그야말로 '간접투자[4]시대'가 새롭게 우리나라에 열리면서 너도나도 '주식형 수익증권'이나 '뮤추얼펀드'와 같은 주식관련 상품에 몰려들고 있다.

주식투자의 묘미는 '바로 이런 매력에 있다'. 즉 주식은 위험이 큰 금융상품이지만 다른 원금 보장성 금융상품과 달리 운용실력과 행운만 잘 따라 준다면 은행에 있는 금융상품 보다 두 배, 십 배 아니 그 이상도 실현될 수 있는 가능성은 얼마든지 열려 있다라는 사실이다. 물론 그 반대의 상황도 발생할 가능성은 얼마든지 있기 때문에 직접투자의 성과는 사람마다 천차만별이다.

그러나 대부분의 초보투자자들은 이것 즉, 거꾸로 내가 손해를

볼 수도 있다는 사실을 간과할 때가 많고 특히 종합지수[5]가 아무리 올라도 수익이 나지 않는 상황도 무수히 발생한다는 사실을 알아야 한다.

주식의 매력이 이런 차별적인 것임에도 한 몫을 잡겠다는 집념 하나로만 주식시장에 뛰어든다면 오히려 실망이 클 수도 있다. 주가가 폭락하는 시기인데도 비가 오나 눈이 오나 바람이 부나 매일같이 주식의 먹이감을 찾아 헤매는 투자자도 아주 많다.

아마도 이런 분들은 주식의 마력(魔力)에 빠져든 '시세 중독증'에 걸린 경우인데 자신이 생각하기에 문제가 심각한 경우에는 전문가를 찾아 습관을 바꾸는 것이 절대 필요하다.

다행히 지금은 과거와 달라서 가격제한폭[6] 확대로 단기매매만 잘 한다면 은행금리보다도 훨씬 높은 수익을 단 하루만에 달성할 수도 있다. 또한 신용투자[7] 가 거의 없어져 예전과 같이 주식투자 실패로 투자자산을 몽땅 날리는 폐해도 거의 사라졌다고 볼 수 있다.

IMF[8]의 유동성 위기를 거치면서 재무상태가 불량하고 경쟁력이 없는 수많은 기업들이 상당수 걸러져 있는 상태이므로 투자위험은 그만큼 예전보다 현저히 낮아졌다고 할 수 있다. 따라서 조금만 '시장의 제도적 특성'과 '주가흐름의 원리'를 어느 정도 공부하고 난 뒤에 종목선택과 특히 매매시기를 잘 선택한다면 초보투자자도 전문가 못지 않은 실력을 발휘할 수 있다고 생각한다.

다만, 투자경험이 전혀 없는데서 오는 막연한 불안감에 휩싸일 수도 있고, 사고 파는 투자의사 결정과정에서 머뭇거리다가 절호

의 찬스를 놓치고 나서야 후회하는 초보투자자들을 볼 때 안타깝
기 짝이 없다.

3. 아파트나 집을 사고 팔 때는 신중하게 하면서…

주식을 처음 투자할 때에는 훌륭한 안내자를 만나게 되는 것도
상당히 중요하다.

주식시장에 대한 친절하고도 자세한 설명을 해준다면 초보자라
도 이해가 빠르고 시장의 상황에 대응할 능력도 빨리 터득될 텐데
대부분의 일선 증권영업담당자들은 시간에 쫓겨 지내기 때문에 모
두에게 만족할 만한 정도의 시간을 배려한다는 것은 사실상 불가
능하기 마련이다.

그러므로 어느 정도의 기초지식은 증권과 관련된 서적을 몇 권
정도 구입해서 정독을 하고 난 이후 증권투자에 나서는 것이 초보
투자자에게는 절대적으로 필요하다.

　무턱대고 돈만 은행에서 찾아다가 증권회사를 찾아가서 계좌를 개설하고 그 자리에서 덥석 주식을 사놓는 것으로 투자를 시작한다는 것은 위험천만한 일이 아닐 수 없다.

　이러한 일이 없도록 좀더 마음의 여유를 가지고 심사숙고한 후 시장에 접근하길 바란다.

　'아파트'나 '집'과 같은 부동산을 살 때는 요모조모 따져보고 여러 날 동안 노심초사 끝에 계약을 한다. 심지어 가정에서 냉장고나 자동차를 살 때도 성능이나 용량에 대해서 상당히 신경을 쓰며, 학생들도 컴퓨터를 구입할 때 제품설명서에 명시된 성능과 용량에 대해서 다른 제품들과 비교하면서 되도록 저렴한 가격으로 보다 우수한 제품을 구입하고자 노력한다.

　그러나 주식투자에 있어서는 그 이상의 많은 거액을 투자하면서도 남의 말만 믿고 너무나 쉽게 결정해버리는 경우가 많다. 좀더 투자계획을 명확하고도 치밀하게 하여야 뜻하지 않은 손해를 줄일 수 있을 것이다.

　그럼 이제부터 초보자가 꼭 알아야 할 주식투자에 관한 내용을 한 가지씩 차례로 알아보기로 하자.

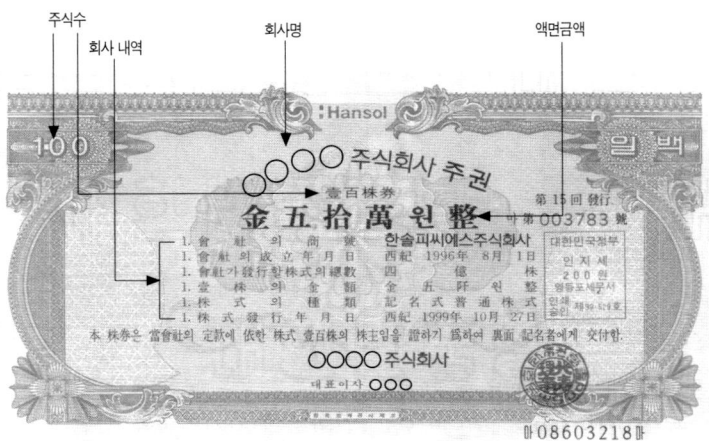

주식수   회사 내역   회사명   액면금액

〔그림 1-1〕

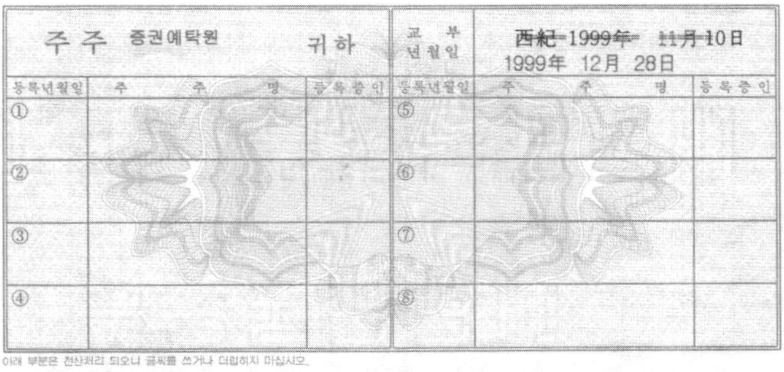

주 주	증권예탁원		귀 하	교 부 년 월 일	西紀 1999年 11月 10日 1999年 12月 28日		
등록년월일	주	주 명	등록증인	등록년월일	주 주 명		등록증인
①				⑤			
②				⑥			
③				⑦			
④				⑧			

아래 부분은 전산처리 되오니 글씨를 쓰거나 더럽히지 마십시오.

0122815500378391

〔그림 1-2〕

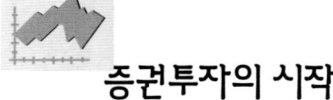

증권투자의 시작

1. 증권계좌의 개설

증권을 거래하기 위해서는 증권회사에 자기명의의 증권계좌 개설이 필요하다. 은행의 거래통장처럼 자기계좌가 개설되어 있어야만 하는 데 이에 필요한 것은 첫째, 본임임을 확인할 수 있는 신분증과 입출금거래 때 필요한 거래인감(도장)이 있어야 한다. 물론 도장 없이 서명거래로도 가능하나 도장을 사용하는 것이 아직도 우리나라 사람들의 오래 된 관행이라 대부분 인감을 사용하고 있다. 마지막으로 투자할 현금이나 수표 또는 채권, 주식과 같은 유가증권 등도 계좌 개설 즉시 입고[9] 할 수 있다.

❑ 본인인 경우

첫째, 신분증은 실명확인을 위하여 본인임을 확인하는데 꼭 필요하다. 주민등록증이나 운전면허증 ,공무원증, 여권도 가능하다.
둘째, 필요한 돈을 찾을 때나 주식을 실물형태로 찾고 싶을 때 즉 출금이나 출고할 때에 쓰는 거래인감(도장)이 있어야 한다.

셋째, 주식매수에 필요한 돈이다. 현금이나 수표도 받지만 상장되어 있거나 코스닥시장에 등록되어 있는 회사의 증권도 맡길 수 있다. 즉 통용 가능한 채권, 이를테면 우리가 자동차를 사거나 부동산을 살 때 매입하게 되는 지하철 공채, 국민주택채권 등도 증권회사에 보관할 수 있으며 장외에서 매각하는 것보다 훨씬 높은 값에 팔 수 있다.

증권회사는 계좌가 개설되면 손님에게 아이디카드(증권카드)를 교부하게 되고 즉시 매매할 수 있게 된다. 또한 입금확인서와 계좌등록확인서 등을 내어주므로 반드시 바르게 개설되었는지 확인하는 것이 좋다.

❏ 본인이 아닌 대리인인 경우

본인이 아니면서도 불가피하게 타인의 명의로 개설해야만 할 경우도 있는데 가령 부모나 자식명의로 계좌를 개설할 때가 바로 그런 경우이다.

이때는 차명계좌를 방지하기 위하여 다음의 서류가 필요하다.

① 본인 도장과 신분증
② 대리인 신분증과 도장
③ 직계가족인 경우는 본인의 위임장과 의료보험카드나 주민등

록등본 또는 호적등본 등이 필요하다. 대리인이 아무런 관계가 없는 경우에는 개설인의 금융계좌개설용 인감증명서도 필요하다.

ㄹ. 증권회사의 선택

증권거래는 어디서 할 것인가 ?

증권거래는 증권거래법상 재정경제부의 증권업허가가 나있는 증권회사만이 할 수 있다.

오래 전 영업점에 근무할 때 있었던 일인데 한 아주머니가 어쩔 줄 몰라하면서 상담을 해오셨다. 사설 투자자문과 손실에 대한 보전 약정을 맺고 높은 수익을 나게 해준다는 감언이설에 현혹되어 돈을 맡기셨는데 그만 손실이 크게 나있는 상태라 어떻게 했으면 좋겠냐는 것이었다.

정말 위험천만한 일이다. 주변에 고금리로 유혹하는 듣지도 보지도 못한 유사금융기관의 광고를 많이 보는데 아예 관심을 갖지 않는 것이 좋다. 증권거래는 증권회사와 반드시 할 것이며 가깝고 이용이 편리한 증권사를 선택하되 무엇보다도 매매체결을 빨리 시켜주는 친절한 증권사를 선택하는 것이 제일 좋다. 게다가 분석자료까지 듬뿍 준다면 더더욱 탁월한 선택이 될 것이다.

현재 전국에는 30여개의 증권사와 약 1,000여개 정도의 지점이 있다. 자기 주변에 증권투자 경험이 많은 분들로부터 소개받는 것도 좋다.

무엇보다도 내가 투자하는 돈을 마치 자기자산처럼 소중히 여기고 시황 흐름과 매매체결 여부도 빨리 전해주는 성실하고 믿음직한 직원이라면 더할 나위 없는 최상의 파트너가 될 것이다.

3. 전담직원의 필요성

증권사 영업점에 처음 가서 계좌를 개설하게 되면 소위 관리자 또는 상담직원을 소개받고 상견례 정도를 하고 오는게 보통인데 매매에 필요한 투자상담과 매매방법도 알려준다. 그러나 내게 상담직원이 필요 없다고 생각하면 그만이다.

사실 증권회사 직원들만큼 스트레스를 많이 받는 사람도 없다고 생각한다.

지금은 증권업계도 많이 바뀌어서 영업점 직원들이 고소득 직원이 되었지만 수많은 전화와 매일매일 변하는 시황에 대처하기 위해서 고객과 상담하고 매매를 대행하는 일선 영업점 직원들을 생각할 때 "고객의 수익을 높여주기 위해 노력하는 사람들이다"라고 여겨야 한다.

그러나 가끔은 작전에 개입해서 물의를 일으키기도 하고 고객 돈을 횡령해서 달아났다는 신문기사가 날 때면 내가 다 부끄러워진다. 그러므로 증권카드와 도장은 절대 맡기지 않는 것이 안전하다.

IMF 이후 은행 등 금융기관 직원들이 고객의 돈을 횡령해서 유용하였다는 기사가 부쩍 많았는데 아주 소수의 사람들이 전체의 얼굴에 먹칠을 한 것이다.

대부분의 직원들은 아침 일찍 출근해서 신문을 읽는 것은 물론

이고 전날 시황과 매매상황을 점검한다. 또 전날 미국시장의 움직임과 달러나 엔화 등의 환율변동, 고객에게 매수를 권할 종목을 찾으려고 애쓰는 사람들이다.

나도 주가가 갑작스럽게 폭락기에 접어들 때면 고객에게 연락을 취하고 주식을 팔라고 권하지만 연락이 안될 때는 방법이 없어 안타깝기만 하다.

간혹 나와 아주 오랫동안 친밀한 관계가 유지되어 왔던 분들에게는 그럴 경우 먼저 주식을 팔아놓고 나중에 자초지종을 설명하기도 한다. 사실 가장 판단하기 어려운 순간이다. 내버려두어도 내게는 책임이 없는데, 마치 내가 손해 보는 것 같아서 안타까운 마음에 조치를 취하게 된다.

간혹 연락 없이 매매를 하다가 시비거리가 될 소지가 되기 때문에 여간해서는 손대지 않는 것이 보통이다. 그러나 확률이 높다고 판단될 땐 감행한다.

매매경험도 풍부하면서 좋은 정보까지 알려 주려고 노력하는 책임감이 강한 증권사 직원을 만난다는 것도 어느 정도 개인 투자자에게는 자기 복인 것 같다.

ㄴ. 사이버(CYBER) 거래 시대

홈트레이딩시스템(Home Trading System)[10]이 증권사마다 도입되면서 증권회사마다 고객유치와 서비스 경쟁이 한창이다. 홈트레이딩은 PC통신을 통해서 이뤄지는 것도 있지만 대부분은 인터넷

상에서 이뤄진다.

　그러므로 증권계좌를 개설하면서 홈트레이딩 계약도 해두는 것이 좋다. 왜냐하면 지금 당장은 컴퓨터통신이나 인터넷을 몰라서 쓸모 없을 수도 있겠지만, 나중에라도 계기가 되면 홈트레이딩을 개설하러 또 가야하는 번거로움도 없애고 무료로 나주어 주는 CD-ROM으로 당해 증권사 시스템에 접속해서 다양한 정보를 접할 수 있기 때문이다. 그러나 가장 필요한 이유는 뭐니뭐니해도 수수료가 일반 증권거래를 하는 것보다 훨씬 더 싸기 때문이다.

　현재 증권거래 때마다 내야 하는 매매수수료는 거의 모든 증권사마다 약정대금의 0.5%로 되어 있다. 그러나 홈트레이딩은 최대 80%(0.1%)까지 싸게 받는다. 고객 스스로가 직접 증권회사 호스트에 접속하여 본인이 직접 주문을 내는 것이다. 증권회사 직원을 거칠 필요가 없기 때문에 주문내기까지의 시간도 단축된다. 증권

사 측에서는 그다지 고객서비스 비용이 들지 않으므로 수수료를 현저하게 깎아 주는 것이다.

5. 주문내는 방법

증권을 사거나 팔 때는 매매계좌를 개설한 증권사 영업점에 내야 하는데 직접 주문표를 작성해서 낼 수도 있고 전화로 주문을 내도 된다. 전화로 매매주문을 내기 전에는 다음의 내용을 미리 확인하여야 한다.

첫째, 살 것인가 팔 것인가? (매수와 매도의 구분)

둘째, 어느 회사 주식을? (종목)

셋째, 얼마만큼을? (몇 주)

넷째, 얼마에? (어느 가격)

다섯째, 지금 당장 아니면 특정 시간(주문시기)에?

위와 같은 다섯 가지 사항은 명확히 하여야 한다. 전화주문을 받는 증권회사 직원도 매매분쟁을 방지하기 위해서 고객이 주문한 내용을 한번 더 복창해주고 연락이 가능한 전화번호를 물어 본 뒤 매매주문표에 기록을 한다.

만약 주문한 내용에 하자가 발생할 때에는 바로 연락을 취하기 위해서 전화번호를 묻게 되는 것이니 만큼 만약을 위해 알려주는 것이 좋다.

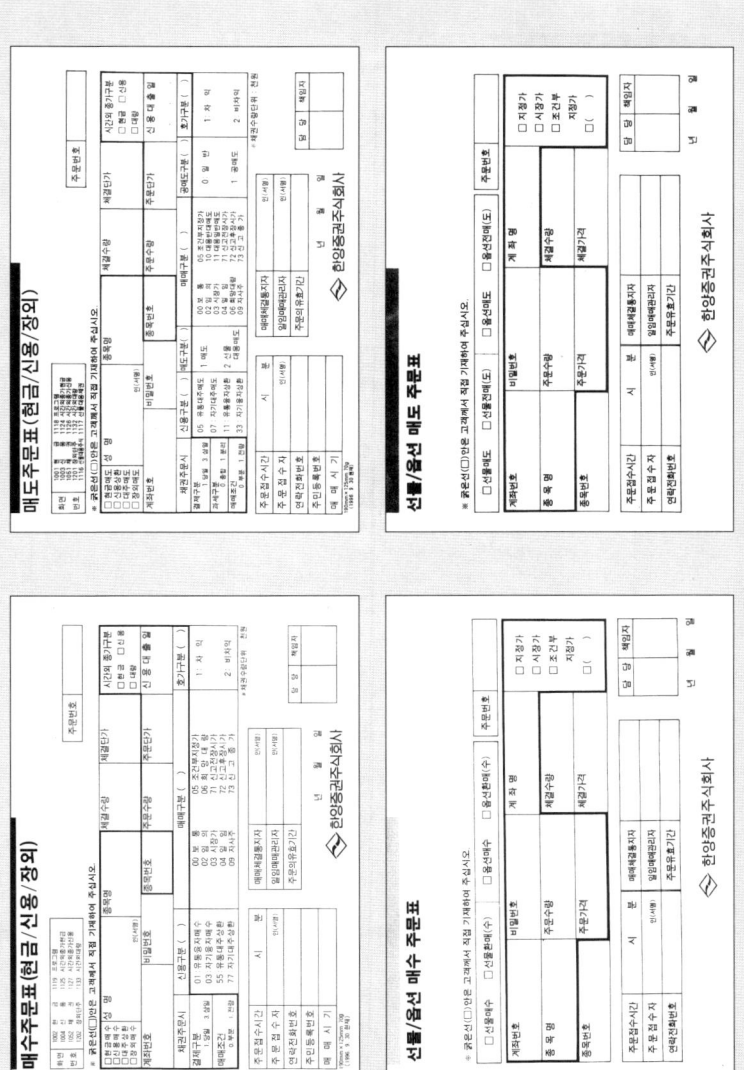

정정/취소주문표(매수/매도)

| 화면
번호 | 1007 주식정정   1008 주식취소
1134 시간외정정   1135 시간외취소
1053 채권정정   1054 채권취소
1203 창박당주취소 | 주문번호 | |

* 굵은선( )안은 고객께서 직접 기재하여 주십시오.

□정 정 성 명		종목명	체결수량	체결단가	구 분
취 소 인·서명					□일부 정정 취소
종주문변호 계좌번호	비밀번호	종목번호	정정 취소수량	정정단가	□전부 정정 취소

채권수량단위 : 천원

주문접수시간	시 분	매매체결통지자	인·서명		
주 문 접 수 자	인·서명	일임매매관리자	인·서명	담 당	책임자
연락전화번호		주문의유효기간			
주민등록번호		년 월 일			
매 매 시 기					

190mm × 125mm 70g
(1996 9 30 현재)

◇ 한양증권주식회사

선물/옵션 정정·취소 주문표

* 굵은선(□)안은 고객께서 직접 기재하여 주십시오

□정정 □취소	□선물 □옵션	□신규매수 □신규매도 □환매수 □전매도	주 문 번 호 원주문번호	
계좌번호	비밀번호	계 좌 명		□ 지정가
종 목 명	정정·취소수량	체결수량		□ 시장가 □ 조건부
종목번호	정정가격	체결가격		지정가 □ ( )

주문접수시간	시 분	매매체결통지자		담 당	책임자
주 문 접 수 자	인(서명)	일임매매관리자			
연락전화번호		주문유효기간		년 월 일	

◇ 한양증권주식회사

❏ 정정 주문과 취소 주문

　주문 내용이 시세와 맞지 않아 매매체결이 안될 때에는 정정 주문을 할 수 있다. 가격을 조절하여 높이거나 낮출 수 있으며 수량의 일부 또는 전량 정정할 수 있다.

　사려고 하는 주식이 마음에 들지 않는다고 느껴지면 매매체결이 되기 전에 전량 또는 일부를 취소할 수도 있다. 이렇게 되면 매수주문과 매도주문을 새로 내야만 한다.

 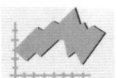

일반 투자자의 특성 세 가지

1. 손해보고 팔지 않는다

증권회사 영업점에 오래 근무하다 보면 다양한 직업과 성향의 투자자를 만나게 된다. 최근에 투자를 시작하는 사람은 물론이고 증권투자 경험이 있는 사람이나 없는 사람이나 증권시장의 파수꾼처럼 아주 오랫동안 투자를 한 사람까지도 투자한 주식에 관해서만은 "손해보고는 절대로 팔 수 없다"는 공통점들이 있다.

물론 누군들 손해보고 팔고 싶은 사람이 어디 있으랴?

그러나 주식의 대가(大家)들은 한결같이 말하길 주식투자에 성공하는 것은 주식을 '잘 사기보다는 잘 팔아야 한다'고 한다. 특히 "손절매(損切賣)"를 잘 해야만 큰 손실을 피할 수 있다.

주가가 장기간 하락한 이후 바닥을 치고 대세 상승기에 접어들면 상당히 오랫동안 상승시세가 지속되기 때문에 손해보고 팔지 않아도 본전수준으로 회복되는 경우도 많으나 꼭 그렇지만은 않다.

실제로 실적이 악화되거나 중도에 악재를 만나거나 심지어 재무위기에 봉착하는 날엔 영원히 회복되지 못하는 경우도 있다. 따라서 꼭지에 내가 주식을 사지나 않았을까 하는 판단은 주식을 사고 난 지 짧으면 일주일 이내에 판가름 나는 것이 보통이다.

기업내용이 양호하고 별다른 악재도 없다면 또 사고자하는 이유가 아직도 유효한 것이라면 그대로 두겠지만 그렇지 않다는 판단이 든다면 다음 기회를 위해서 또는 더 큰 손실을 방지하는 차원에서 수술을 해야되지 않을까 한다. 과감히 손절을 해야 한다는 말이다. 어차피 주식은 주가의 흐름을 타야 하는 게임의 일종이라고도 할 수 있는데 그 리듬을 거꾸로 타면 계속되는 악순환 속에 있게 되어 기회의 손실을 가져오기 때문이다.

한 마디로 말해서 '적은 손실은 두려워 말라' 고 초보자에게 말해 두고 싶다. 주식에 성공하는 것은 쌀 때 쉬고 살 때 과감하게 사는 용기와 끈기의 싸움이다. 그러기 위해서는 "주식은 손해보고서도 팔 때는 팔아야만 한다." 그런데 이 말에 동의를 하는 투자자가 많음에도 불구하고 막상 그것을 실제로 행동에 옮기는 사람은 많지 않은 것 같다.

사람의 마음이란 원래 손해를 보는 것을 싫어하기 때문일 것이고 인정하고 싶지 않기 때문일 것이다. 특히 초보자가 그런 경지에 오려면 많은 시행착오를 겪어 봐야 하는데 상당히 어려울 것이다. 그러나 불황기에 들어 설 때에는 그렇게 해야만 고생을 오히려 덜 하게 될 것이다.

 ## 2. 계좌에 돈을 남기지 않는다

또 하나의 일반투자자 속성 중 한가지는 자기 계좌에 있는 돈을 몽땅 투자하는 습성이다.

물론 주가가 상승할 때에는 전력투구 할 필요가 있다. 상승기에는 아무래도 적게 산 것 보다는 많이 사놓아야 수익률이 높아질 것이기 때문이다. 그러나 주가는 항상 상승하는 것이 아니기 때문에 예상치 못한 악재를 만나서 원위치로 돌아오는 경우도 많고 꼭 오를 줄로만 알았던 주식이 곤두박질 치는가 하면 꼭 내릴 줄로만 알았던 주식이 올라오는 경우가 허다하게 있다. 그런데 사람들은 항상 오르는 것만을 생각한다.

증권투자는 가변적인 상품이다. 은행의 예금처럼 확실한 것이 아니기 때문에 위험이 있게 마련이어서 그 대가로 높은 수익을 얻을 수 있는 기회가 주어지는 것이다. 그러한 기회를 최대한 살리기 위해서는 계좌에 항상 현금이 있는 기간과 주식으로 갖고 있는 '기간의 배분이 적절히 있어야 된다'고 생각하는 것이 바람직한 투자태도이다.

그러나 대다수의 일반투자자는 주식을 사면 반드시 벌어야만 하고 팔고 나면 그 즉시 주식을 사지 못해 안달을 한다. 시장상황이 불안정하거나 종목선정을 잘못하였거나 아니면 장세의 흐름을 잘못 판단해서 손실을 보았다면 좀더 시세흐름에 맞는 주식을 선정하기까지는 아무래도 심사숙고하는 시간을 갖는 것이 좋다.

주가리듬을 잘못 탄 경우라면 좀 더 확률이 높은 타이밍을 기다리는 자세가 필요할 때가 많다. 즉 돈을 계좌에 일정부분 남기고 전열을 가다듬는 자세가 절대적으로 필요한 것이다.

∃. 자기판단으로 하지 않는다.

우리나라 일반 투자자 대부분은 '자기 판단으로 주식을 사고 팔지 않는다'. 따라서 자기의 생각과 실제 주식의 매매행동과는 상당한 거리가 있다.

아주 중요한 이야기다.

초보적인 수준의 투자자가 주식을 사고 팔 때 혼자서 종목을 선정하고 팔아야 할 적기를 짚어내는 것은 부단한 노력없이는 불가능하다. 증권을 처음 하는 사람에게 이 말을 한다는 것이 무리가

 있을 수 있으나 정말 주식은 혼자서 고독하게 해야만 남달리 높은 수익을 거둘 수도 있고 큰 손실을 막을 수도 있다.

대다수의 증권투자자는 경제신문이나 증권회사가 발간하는 데일리(Daily), 주보와 같은 투자 정보지를 참고하면서 종목을 선택하게 된다. 또 증권사 직원 또는 일가친척, 친구, 자기주변의 친한 사람이나 직장동료들의 조언을 들어가면서 매매를 할 것이다. 그러나 아무리 좋은 조언을 얻어도 최종적인 판단은 자신 스스로가 하는 습관을 초보투자자 때부터 들여놓는 것이 정말로 필요하다.

왜냐하면 주가는 예상하지 못한 일이 너무도 자주 발생한다. 그럴 경우 주가가 하락해서 손실이 발생할 때 매도시기를 자꾸만 놓치게 되면 자신이 선정하고 자신이 그 종목의 내용을 잘 알고 있는 상태에서 장세판단을 하지 않았기 때문에 그 조언자에게 물어 볼 수밖에 없다.

그렇게 되면 그 조언자가 또 하라는 대로 할 수밖에 없게 된다. 다행히 그 조언자가 쪽집게 처럼 - 신통술을 발휘하는 것처럼- 아주 정확한 판단을 해준다면 더없이 고맙겠지만 팔아야 할 시기를 자꾸 놓치게 한다면 손실은 더욱 늘어가고 고민거리만 생기게 되어 일도 손에 잡히지 않을 것이다.

반대의 경우를 생각해보자. 자기가 잘 아는 어느 사람의 투자조언을 듣고 어떤 주식을 샀다고 하자.

주가가 올랐고 예상한 대로 척척 맞아 떨어지자 기분이 좋아 계산기부터 두드리면서 '번 돈으로 무엇을 할까' 생각하고 있다가 불안한 마음에 그 조언자에게 또 물어 보았다.

어떻게 했으면 좋겠냐고 했더니 그 조언자는 아무래도 악재가 나와서 내릴 것 같으니 빨리 팔라고 하였다.

잘 아는 사람이고 주식을 살 때부터 종목까지 정해주었는데 어련히 잘 알아서 그런 말을 할까라고 믿고서 팔아버렸는데 팔자마자 날마다 매물도 없이 매일 상종가로 오르는 것이다. 얼마나 억울하겠는가? 놓쳐버린 내 주식! 그러나 그것은 본인이 판단한 경우가 아니기 때문에 억울해봤자 소용이 없는 일이다.

위와 같은 사례는 증권투자에서 비일비재하게 일어난다. 내가 내 돈 가지고 주식투자하는데 내가 그 주권을 행사하지 못하고 남에게 전적으로 맡긴다는 것은 주식을 잘 모를 때 이야기지 항상 그런 일이 되풀이되어서는 곤란하다. 그나마 덜 벌게 된 경우는 그래도 좀 낫다.

먼저 든 예와 같이 조언자의 말 한마디에 질질 끌려 다니다가 맡긴 돈 전체가 없어지는 경우도 필자는 많이 보아왔다. 증권을 오래 한 사람이나 조금 한 사람이나 이런 자기판단에 의해서 결정하는 사람이 그리 많지가 않은 것 같다.

무엇보다도 주식 초보자의 티를 빨리 벗고 싶다면 자신이 판단할 수 있는 능력을 빨리 갖추는 것이 급선무이다. 귀가 얇아서 남의 말을 잘 듣는 것이 우리 보통사람의 속성이지만 주식을 성공적으로 하기 위해서는 남의 조언도 잘 들을 줄도 알아야 한다. 그러나 최종적인 판단은 자신이 상황을 파악하고 자신이 그 이해된 바탕 위에서 자신 스스로가 결정해야 한다. 그래야 결과가 좋지 않아도 후회가 없게 마련이며 반대로 결과가 좋으면 투자에 자신감이

붙는 것이 바로 자신만의 주식투자 실력으로 되어 가는 길이다. 남의 말에만 너무 매달리는 이른바 '로봇형 투자자'에서 탈피하여야 한다.

지금까지 언급한 3 가지 일반투자자의 속성 즉,

① 손해 보고서는 절대로 팔지 않는 투자속성

② 계좌에 돈을 남기지 않는 조급한 속성

③ 자신의 판단으로 결정하지 않는 속성

일반투자자가 위 세 가지 그릇된 속성만 극복한다면 주식투자로 아마 떼돈을 벌지는 못해도 주식으로 낭패를 보는 일은 없을 것으로 생각되며 아마도 남보다는 훨씬 높은 수익률을 유지할 수 있을 것으로 확신한다.

그만큼 중요하다고 생각하기에 이 책 후반에서는 자세한 실전사례와 더불어 다시금 언급할 것이다.

투자를 시작하기 전에 알아야 할 제도

1. 매매제도

증권을 사고 팔기 위해서는 증권시장의 일정한 제도를 알고 있어야만 한다. 모든 게임이 그렇듯이 정해진 룰을 얼마나 잘 알고 있느냐 없느냐에 따라서 당황하지 않을 뿐만 아니라 환경변화에 적응하기도 쉬운 법이다. 우선 매매에 필요한 간단한 매매제도를 알아보자.

매매 구분	월요일 ~ 금요일
전 장	09:00 ~ 12:00(3시간)
후 장	13:00 ~ 15:00(2시간)
시간외 매매	15:10 ~ 15:40(장종료 10분후부터 30분간)

❏ 매매시간

증권시장은 월요일부터 금요일까지만 열린다. 과거 오랫동안 우리나라 증권시장은 토요일도 개장되어 가동되었지만 1998년 12월

7일부터는 토요휴장제도가 도입되면서 일주일에 5일간만 매매를 할 수 있게 되었다. 또 하루 중의 매매시간을 오전과 오후로 나누어서 구분을 하고 있는데 오전장을 전장(前場)이라 하고 오후장을 후장(後場)이라 부른다. 토요일 휴장 제도 이전까지는 09:30부터 11:30까지 2시간동안 매매를 하였으나 지금은 전장 09:00 ~12:00까지 3시간 동안 열리며 후장은 예전과 같은 2시간 그대로다.

❑ 매매거래의 종류

◉ 보통거래와 당일결제거래

보통거래는 매매계약을 체결한 날로부터 3일째 되는 날에 결제가 이루어진다. 일반적인 주식거래는 보통거래가 이뤄진다. 반면 당일결제거래는 매매계약을 체결한 당일에 결제가 이루어지는 거래방법으로 채권의 경우 당일결제거래가 되고 있다.

우리나라의 증권결제제도는 3일 결제제도이므로 주식을 매수하였을 경우를 알아보자.

가령 어떤 투자자가 1,000만원을 가지고 주가가 9,750원인 A주식 1,000주를 2000년 1월 10일(월요일) 매매주문을 하여 샀다고 하자. 이튿날 1월 11일까지는 고객의 잔고 상에는 변화가 없다가 매수한 날로부터 3일째되는 1월 12일 수요일에는 주식 매입대금 9,750,000원과 수수료(매매대금의 0.5%) 48,750원이 공제되고 대신 A주식 1,000주와 잔금 201,250원이 남게 된다.

투자원금 10,000,000원 에서

주식매입대금 9,750원×1,000주=9,750,000원과

증권회사수수료 @9,750 ×1000×0.005=48,750원이 공제되고

A주식 100주와

잔금 10,000,000 - 9,750,000 - 4,8750 = 201,250원이

계좌에 남게 됨.

반대로 주식을 팔 경우의 예를 들어보자

바로 이 투자자가 급히 돈이 쓸데가 있어 A라는 주식 1,000주를 2000년 1월 14일
금요일 10,000원에 팔았다면 1월 15일은 토요일이라 결제기간에서 제외되고 16일은
일요일이므로 3일 결제원칙에 따라 화요일이 되는 1월 17일에 가서야 결제가 이루어
지게 되며 매매수수료와 증권거래세 0.3%를 공제한 현금을 찾을 수 있게 된다.

◯ 매매수수료와 증권거래세

증권을 매수할 때와 매도할 때는 각각 약정대금의 0.5%를 매매
수수료로 증권회사에 내야 하며 농어촌특별세 0.15%와 증권거래
세 0.15%를 합한 0.3%는 매도할 때만 징수한다.

매매수수료는 증권회사의 주요 수입원이 되므로 고객을 많이 유
치하기 위하여 증권회사들은 저마다 차별화된 고객서비스 경쟁에
열을 올린다.

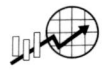

매매수수료	증권거래세
매도, 매수 각각 0.5%	농어촌특별세 0.15%와 증권거래세0.15%를 합한 0.3%는 매도할 때만 징수

통신 수단의 발달로 인하여 인터넷을 이용한 홈트레이딩(HTS)이 보편화되었는데 PC통신이나 인터넷을 이용하면 매매수수료가 현저히 싸기 때문에 기하급수적으로 고객층이 넓어지고 있다. 증권사 영업점을 경유하여 주문을 내는 것보다 수수료가 70~80% 정도가 싸기 때문에 자주 거래하는 경우에는 투자비용의 절감이 현저히 이뤄진다.

◯ 증권거래세를 내지 않아도 되는 경우

주식매도대금 10,000원×1000주=10,000,000원에서
수수료 10,000×1,000×0.005= 50,000원과
증권거래세 10,000×1000×0.003= 30,000원을 공제한
매도대금 9,920,000원이 현금이 되고 A주식 100주는 잔고에서 없어지게 되며
현금잔고 201,250원을 더한 10,121,250원을 찾을 수 있게 되는 것이다.

발행가 이하로 주식을 팔았을 때와 액면가 이하로 주식을 팔았을 때에는 증권거래세를 내지 않는다.

◯ 매매 거래의 단위

• 호가단위

호가란 매매시장에서 유가증권의 종목별로 가격과 수량 등을 상대방에게 제시하여 거래를 하기 위한 의사표시로 가격마다 일정한 체계가 있는 것을 말한다.

주권 및 수익증권 (1주 또는 1좌)	호가단위
5,000원 미만	5원
5,000원 이상~10,000원 미만	10
10,000원 이상~50,000원 미만	50
50,000원 이상~100,000원 미만	100
100,000원 이상~500,000원 미만	500
500,000원 이상	1,000
채권(주식관련 사채권 제외)	소수점 둘째자리의 수익률 (소수점이하 셋째자리는 절사)

 ● 매매수량단위

	매매수량단위	비고
주권 및 수익증권	10주 또는 10좌	
채 권	액면 100,000원 소액채권의 경우 액면 1,000원	주식관련사채는 제외
주식관련 사채	권종금액	권종금액이 100,000원 미만인 경우는 100,000원

＊ 단, 매매수량단위에 미달하는 주권(端株 1~9주)은 증권회사가 직접 거래 상대방이 되어 매매를 성사시킨다.

● 위탁 증거금

　증권회사는 고객으로부터 매매거래의 위탁을 받았을 경우 고객으로부터 징수하는 증거금으로 총매수대금에서 증권회사가 정한 금액을 입금하여야만 주식을 매수할 수 있고 결제가 되는 날 나머지 대금을 입금하여야 한다.

　위탁증거금률은 증권회사 마다 일정하지 않으나 대체로 40~60%의 범위에 있다. 60~40%의 잔금은 3일째 되는 날 입금하면 된다. 만약 입금이 되지 않으면 결제일 다음날 해당금액 만큼 하한가로 전산자동 반대매매되어 불이익을 받을 수 있으므로 결제확인을 반드시 하여야 한다.

⊙ 세금

주식투자에 있어서 세금을 내게 되는 경우는 보통 다음의 두 가지 경우가 있다.

• 고객예탁금 이용료를 받게 될 때

증권회사는 고객으로부터 맡겨진 예탁금에 대하여 일정 비율의 이자를 지급하고 있는데 현금으로 남아있는 부분 즉, 평균잔액에 대해서만 지급하며 이를 고객예탁금 이용료라 하고 이에 대하여 각각 이자소득세와 주민세를 공제한다.

• 배당 현금으로 받을 때와 주식으로 받을 때

주주가 되어 결산기가 지나면 회사의 경영성과에 따라서 주주총회의 결의를 거쳐 소정의 배당금을 주주에게 지급하는데 이러한 배당금을 수령할 때에도 배당소득세를 내야 한다.

현금이 아닌 주식으로 배당을 주는 경우도 있는데 이를 주식배당이라 하며 이때 세금산출의 과세기준은 액면가에 배당주수를 곱한 금액에 대해서 세금을 낸다.

그러나 현금 배당소득의 경우에는 다른 금융상품처럼 24.2%(배당소득세 22%, 주민세 2.2%)의 세금이 부과된다. 예를들어, 어떤 주식에 투자해서 1백만원의 배당을 받았다면(배당소득) 24만 2천원을 세금(배당소득세 및 주민세)으로 내고 나머지 75만 8천원을 지급 받게 된다.

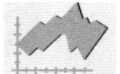

매매계약의 체결과 호가의 종류

1. 매매계약의 체결방법

매매거래는 단일가격과 복수가격에 의한 개별경쟁매매에 의한다.

❏ 단일 가격에 의한 개별경쟁매매

전장 및 후장의 최초 가격

매매거래 중단이후재개시의 최초의 가격

후장 종료시의 가격

❏ 복수 가격에 의한 개별경쟁매매

전장과 후장의 매매거래시간중의 가격

2. 경쟁매매의 네가지 원칙

주식매매도 일종의 경매제도와 같아서 가격이 최우선이다. 높은

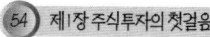

매수 가격을 부르는 사람에게 매수우선권을 주고 낮은 매도가격을
제시하는 사람이 매도체결의 우선권을 갖게 되는 것이다.

◐ 가격우선의 원칙

저가 매도호가가 고가 매도호가에 우선하고, 고가 매수호가가
저가 매수호가에 우선한다.

◐ 시간우선의 원칙

동일 가격호가에 대하여는 먼저 접수된 호가가 우선한다.

◐ 수량우선의 원칙

동일 가격호가간에 시간의 선후가 분명치 않을 경우 다수수량의
호가가 우선한다.

◐ 위탁매매 우선의 원칙

고객의 위탁매매 호가가 증권회사의 자기매매[11] 호가보다 우선
한다.

3. 호가의 종류

❏ 지정가호가

지정가호가는 종목이나 수량 및 가격을 지정하여 호가를 내는

 것을 말한다.

□ 시장가호가

시장가호가란 종목, 수량은 지정하되 가격은 지정하지 않는 호가로서 시장에 접수된 시점에서 매매가능한 가장 유리한 가격으로 매매를 성립시키는 것이다.

이에 따라 시장가호가는 지정가호가보다 가격적으로 우선하되 매도 시장가호가와 하한가의 매도 지정가호가, 매수 시장가호가와 상한가의 매수 지정가호가는 동일한 가격의 호가로 보아 처리되고 있다.

□ 조건부 지정가호가

조건부 지정가호가란 후장 종료시의 가격을 단일가격에 의한-개별경쟁매매방법으로 결정하는 경우 시장가호가로 전환할 것을 조건으로 하는 지정가호가이다. 즉 시장중에 일정한 가격을 정해 주문을 냈으나 매매체결이 안된 경우 후장 마감 동시호가에 자동적으로 시장가호가 방식으로 전환되는 호가이다.

□ 동시호가

동시에 접수된 호가 또는 시간의 선후가 분명치 않은 호가로

① 매매거래 개시전 일정시간에 접수된 호가

② 매매가 중단된 후 매매재개시 재개시점부터 일정시간 내에 접수된 호가

③ 일정 시간 동안 접수하여 매매거래가 성립되지 않은 때에는 최초의 가격 결정이 있을 때까지의 모든 호가를 동시호가로 처리한다.

동시호가에서는 가격 및 수량우선의 원칙만 적용한다.

❏ 시간외 종가매매

전장과 후장이 종료된 이후에도 주식을 사거나 팔 수 있는 방법이 있다. 만약 전장이나 후장까지 이미 내놓은 매매주문일 경우에는 취소 주문을 내고 새로 주문을 내면 된다. 원하는 수량 모두를 다 사거나 팔리지 않을 확률이 높으나 꼭 사거나 팔아야 할 경우 이용하면 된다.

시간외 시장의 매매거래시간동안 호가를 접수받아 당일 종가로 매매거래를 성립시킨다. 호가순위는 시간우선원칙이 적용된다.

⬗ 단주(端株)

매매수량 기본단위(10주)에도 불구하고 전월의 매매거래일 중 주가가 5만원 이상인 경우가 50% 이상이고 최종 매매거래일의 주

가가 5만원 이상인 경우로 증권거래소가 지정한 주권은 1주 단위의 매매가 가능하다. 증권사 단말기 화면에 단주[12]매매라는 표시가 대개 되어 있어서 단주매매가 가능한 종목인지 아닌지를 확인해 보고 주문을 내야 한다.

ㄴ. 가격제한폭

증권거래소는 유가증권의 공정한 가격형성과 급격한 시세변동에 따른 투자자의 피해방지 등 거래질서를 확립하기 위해 하루 변동할

> 기준가격에 ±0.15를 곱하여 산출한 금액

수 있는 증권가격의 상하한폭을 일정한 범위로 제한하고 있다.

◐ 가격제한폭(주권 및 수익증권)

가령 전일 종가가 10,000원인 A주식은 상한가가 11,500원이 되고 8,500원이 하한가이므로 하루 변동폭은 3,000원이 된다. 그러므로 주식가격은 하루중에도 30%의 가격변동이 나타날 수 있다.

5. 매매거래의 중단

◐ 서킷 브레이커 제도 (Circuit Breaker System)

종합주가지수가 전일보다 10% 이상 하락한 상태가 1분간 지속

되면 모든 주식의 매매거래가 20분간 중단 정지되고 이후 10분간의 동시호가 접수를 거쳐 매매거래가 재개된다.

예를 들어 9월 30일 종합주가가 836.18포인트였다. 만약 10월 1일에 752.56포인트에 도달하는 폭락세가 나타났다고 가정한다면 매매거래중단제도(C.B)가 발동될 수 있다.

아직까지 현물시장에서 C.B가 발동된 적은 없으나 선물시장에서는 가끔씩 발동된다. 하지만 그 기준은 다르다.

6. 관리 및 감리종목 지정

❏ 관리종목

증권거래소는 상장증권이 상장폐지 기준에 해당될 경우 해당종목을 관리종목으로 지정, 특별관리하여 투자자에게 주의를 환기시킨다.

관리종목은 장개시시점, 장개시점부터 30분씩 경과한 시점, 장종료시점까지 접수된 호가에 의해 단일가격에 의한 개별경쟁매매로 매매체결된다.

❏ 감리제도

증권거래소는 주가와 거래량이 일정기간 내에 급변한 종목을 감리종목으로 지정하여 주가 급등락에 대한 투자자의 주의를 환기시

킨다.

지정기준은 최근 5일간 주가상승률이 75% 이상인 경우가 연 3일간 계속되고 3일째 되는 날의 종가가 최근 30일 중의 최고 주가인 종목은 증권거래소가 감리종목으로 지정하며 지정후 2일이 지나면 자동 해제된다.

● 우선주 주가급등시 감리종목 지정 및 해제기준

① 우선주 종가가 3일전의 날에 보통주 종가보다 높고, 최근 3일간 30% 이상 상승한 경우

② 우선주 종가가 보통주 종가 이하로 되거나, 감리종목 지정일부터 기산하여 3일이후의 날로서 우선주 종가가 감리종목 지정일 전일종가 미만이 된 경우 감리종목 지정을 해제

● 우선주에 대한 매매거래정지

- 우선주의 주가가 감리종목지정 후에도 계속 상승하는 경우

① 감리종목 지정일부터 기산하여 3일이후의 날로써 우선주 종가가 감리종목 지정일 전일종가보다 20% 이상 상승시→3일간 매매거래 1차정지

② 매매거래 재개일부터 기산하여 3일이후의 날로써 우선주 종가가 최근 매매거래정지 직전일 종가보다 10% 이상 상승하는 경우→3일간 매매거래 재정지

③ 액면분할 등과 관련하여 당해 상장법인에 주권을 제출하는 경우 및 배당락 · 권리락되는 경우는 제외

투자지표의 기초 지식

1. PER(주가수익비율)

❏ Buy Low ! And Sell High !

"증권투자는 어떻게 해야 잘 할 수 있는 것이냐?"는 주위 사람들의 질문에 대해서 농담 삼아 다음과 같은 한마디로 대답하곤 한다.

"내재된 가치에 비해서 저평가되어 있는 회사의 주식을 싸게 사서 비싸게 파는 것이다."라고 쉽게 잘라 말할 때가 있다.

달러나 엔화 등과 같은 돈을 사고 파는 외환시장도 마찬가지로 전에 없이 최근에 자주 등장하는 말이다.

B.L.A.S.H?? Buy Low! And Sell High! '싸게 사고 비싸게 팔아라!'

주식투자에 이 보다 더 간단명료한 말은 없는 것 같다. 정말 명언이라고 할 수 있으나 그것은 말처럼 그렇게 쉬운 일이 아니다.

❏ Buy High And Sell Low!

전문투자가라면 오히려 'Buy High And Sell Low!' 가 옳다고 믿는다.

결코 싸게 사서 비싸게 팔지 않는다. 왜냐하면 많이 떨어진 주식은 더 떨어질 가능성이 높고 올라가는 주식은 더 올라가는 경향이 강세장에서 비일비재하기 때문에 경험적으로 볼 때 주가가 강세일 때도 그렇고 약세장에서도 어느 정도 이 말대로 실천하면 잔손실은 있을지언정 큰 손실은 없을 경우가 많다.

때에 따라서는 이것이 아주 정확하게 투자향방을 정해주기도 하는데 고도로 숙련된 테크닉과 작은 손실을 빨리 포기하는 과감한 결단성의 소유자라야만이 가능하다.

그렇다면 '싸게 사서 비싸게 파는 것'에 대한 문제는 기술적 분석을 이용하거나 시기의 선택을 잘 하면 된다고 가정하고 '내재가치에 비해서 낮게 평가(低 評價) 되어 있는 주식'을 찾는 것은 어떻게 하는 것일까?

❏ 기업의 내재가치

'내재가치'란 또 무엇을 말하는 것인가?

기업의 내재가치는 성장성 측면에서의 가치, 수익성 측면에서의 가치, 자산측면에서의 가치를 말한다.

성장성 측면에서의 기업가치란 기업이 얼마만큼의 이익을 낼 것

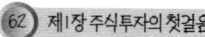

인가의 미래가치를 말하는 반면, 수익성 측면에서의 기업가치는 이익창출 정도를 나타내는 현재의 가치다. 그리고 기업의 자산가치는 기업이 갖고 있는 장부의 가치를 말하는 것이다.

❑ 주당순이익

증권 분석가들은 '기업의 내재가치'에 대한 수많은 연구와 끊임없는 노력을 하고 있다.

지금도 다양한 종류의 투자지표가 개발되고 있지만 가장 보편적이고 기초적인 것이 바로 주당순이익을 나타내는 EPS(Earning Per Share)이다.

주당순이익이란 기업의 순이익을 발행주식수로 나눈 것으로

EPS = 법인세 차감후 당기순이익 ÷ 발행주식수

또한 주(株)가 벌어들이는 기업의 수익 정도를 나타낸 것으로 다음과 같이 계산해도 된다.

주당순이익(EPS) = 납입자본이익률 × 액면가

납입자본 이익률 = 당기순이익 ÷ 자본금×100(%)

자본금이 100억인 A기업은 1999년 12월말 30억 원의 당기순이익이 났다고 한다면
이 기업의 주당순이익은 얼마가 될까?
A 기업의 발행주식수는 자본금 100억 원을 액면가로 나누면 된다.
일반적으로 액면가는 5,000원이므로
발행주식수는 10,000,000,000 ÷ 5,000 = 2,000,000 주
EPS = 3,000,000,000 원 ÷ 2,000,000 주 = 1,500원이 된다.

❏ PER(주가수익비율)

$$PER = P / EPS = 주가 / 주당순이익$$

　EPS는 주식 1주가 기업활동으로 벌어들이는 수익이다. 주가가
저평가 되었는지 또는 고평가 되었는지의 여부는 보통 PER[13]로써
측정한다.

만약 액면가가 5,000원인 A기업의 주가가 시장에서 15,000원이라면 PER은?
PER는 주가를 주당순이익으로 나눈 것이므로 주가 15,000원을 앞의 예에서 계산
한 EPS = 1,500원으로 나누면 10이 된다.
기업 A의 PER은?
$$P / EPS = 15,000 / 1,500 = 10$$

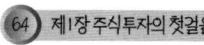

같은 업종에 속한 세 기업 A, B, C가 있다고 하자.

1999년 12월말 기업 A, B, C의 주당순이익 EPS는 각각 1,500원, 2,000원, 3,000원이고 주가는 15000원, 35,000원, 24,000원 이라고 할 때 어느 기업이 가장 저평가 되었다고 할 수 있을까?

PER가 기업 B, C, A의 순으로 낮으므로 B가 제일 저평가된 기업이라고 할 수 있으며 그 다음 C와 A의 순서가 된다.

PER는 업종마다 서로 다르므로 일반적으로 업종 평균 PER를 이용하여 예상주가를 산출한다.

◑ 기업 A · B · C의 비교표

기업	주당순이익	주가	PER (=P/EPS)	저평가 순위
A 기업	1,500	15,000	10	3
B 기업	5,000	35,000	7	1
C 기업	3,000	24,000	8	2

A 기업의 2000년 예상 EPS 는 1,000원 업종평균의 PER는 30, 현재주가는 20,000원이라면 예상주가와 현 주가수준은 어떻다고 할 수 있을까?

예상주가는 EPS×예상 PER 이므로

1,000×30=30000원이 된다.

그러므로 현재주가 20,000이라면 10,000 정도 저평가 되었다고 할 수 있다.

 ❏ PER를 사용하는데 있어서의 문제점

① 어느 기간의 주당순이익을 기준으로 삼을 것인가 ?
② 주당순이익을 계산할 때 어떤 이익을 채택할 것인가 ?
③ 어느 시점의 주가를 선택할 것인가 ?

PER에 사용되는 주당순이익 EPS는 현재의 이익이 아닌 미래의 이익이 의미가 크다는 사실이다.

첫째, 현재의 PER가 낮아 아무리 저평가되어 있더라도 미래의 수익전망이 좋지 않다면 현재의 PER는 퇴색된다. 따라서 PER의 산출기초자료가 되는 주당순이익은 현재 또는 당기의 EPS가 아닌 차기의 예상 EPS가 더 중요하다.

둘째, 주당순이익을 기준으로 PER를 산출하면 특별이익의 계상여부에 따라 즉, 대규모의 자산매각이나 영업의 양수도가 있는 경우엔 유난히 PER가 낮아지는 경우가 있어 일률적으로 적용하는 것에 문제가 따른다.

또한 이익이 0(ZERO)에 가까울수록 기업의 주가수익비율은 무한히 커지므로 PER가 유난히 낮아지게 되는 경우는 어디에서 이익이 난 것인지를 자세히 살펴보아야만 한다. 따라서 PER는 손익계산서상의 영업이익을 기초로 또는 경상이익을 기초로 산출한 경상 PER와 함께 참고하는 것이 더 유용한 경우가 많다.

셋째, PER는 주가를 EPS로 나눈 것이기 때문에 각 시점마다의 주가에 따라서 변하게 된다. 그러므로 타업종이나 동일 또는 유사 업종과의 비교시 일정시점마다 주가를 수정하여야 하고 PER의 적정수준에 대한 개념이 필요하다.

상장회사 전체의 PER가 얼마이고 업종평균 PER는 얼마인지 또는 사려고 하는 주식의 PER는 얼마인지 상대적으로 비교하여야 할 필요가 있다.

현재 우리 나라 증권시장의 PER는 12~15 정도에서 움직이고 있으며 한국증권업협회가 발간하는 "증권시장지"에 매일 발표되고 있으므로 살펴보는 것이 좋다.

2. PBR

주가를 주당순이익으로 나누어 표기한 것이 PER라면 PBR은 주가를 BPS(주당장부가액)로 나누어 준 수치로 1주당 순자산의 몇 배에 달하는 주가가 형성되어 있는가를 나타내는 투자지표이다.

BPS(주당장부가액) = 순자산(자산총계-부채총계)을 발행주식 총수로 나눈 값으로 회사가 재무제표에 나타난 원가대로 청산되는 경우 주주가 1주당 회사재산을 얼마만큼 분배받을 수 있는지를 보여주는 수치이다.

 ❏ 주가순자산비율 (Price Book-value Ratio)

$$PBR = P / BPS = 주가 / 주당장부가액$$

PER와 마찬가지로 PBR도 낮을수록 저평가되어 있다고 보면 된다.

그러나 PBR에 있어서 참고할 사항은 기업이 자산재평가를 실시하였을 경우 장부상의 자산총액이 급격히 늘어나게 되므로 자산재평가실시 여부를 확인해 보는 것이 바람직하다.

3. PCR(주가 현금흐름비율)

PCR(Price Cash Flows Ratio)은 주가 현금흐름비율이라고 한다.

현금흐름(Cash-Flows)은 투자로부터 발생하는 모든 움직임을 말한다. 투자로 인하여 들어오는 현금을 현금유입, 나가는 현금을 현금유출이라 한다. 이러한 현금유입과 현금유출의 차이를 순 현금흐름이라 하며 보통 현금흐름이라고도 한다.

주가를 한 주당 현금흐름으로 나눠 구하며 주가가 주당 현금흐름의 몇 배인지를 산출해 저평가돼 있는지 여부를 판단한다. 주당 현금흐름은 해당 기업의 세후순이익에 설비투자에 따른 감가상각비를 더한 값을 평균주식수로 나눠 구한다.

PCR 는 안정성과 성장잠재력을 중시하는 지표로 캐시플로어가 낮은 기업은 투자를 피하는 것이 바람직하다.

Cash Flow= 세후순이익＋감가상각비

CPS(Cash Flow Per Share) = Cash Flow / 발행주식수

PCR = P / Cash Flow =주가 / 현금흐름

4. EV / EBITA

EV/EBITA는 기업이나 주주의 수익성을 중시한 투자지표로써 근년 들어 자주 등장하고 있다.

EBITDA(Earnings before Interest, Tax, Depreciation & Amortization)는 기업의 당기순이익에 이자비용, 법인세비용, 유무형자산 감가상각비 등을 더해 만든 영업이익의 일종으로 시가총액에 순차입금(총차입금-현금 및 투자유가증권)을 더한 EV(Enterprise Value)를 EBITDA로 나누어 기업의 수익가치와 내재가치를 비교하여 주가의 수준을 비교 판가름하고 있다.

EV/EBITDA는 기업이 자기자본과 타인자본을 이용해 어느 정도의 현금흐름을 창출할 수 있는가를 나타내는 것으로 비율이 낮을수록 영업활동으로부터 창출해 내는 현금흐름에 비해 기업가치가 저평가되어 있다고 할 수 있으며 기업가치의 새 척도로 점차 자리잡아가고 있다.

주1) 투자설명회 : 증권회사 또는 투자신탁회사 등이 고객을 확보할 목적으로 상품에 대한 설명을 하거나 주식시장 전망에 대해서 널리 알리는 행사로 대부분 무료로 진행되며 경제신문사 등 언론사들도 금융기관과 연계해서 개최하곤 한다.

주2)수익증권 : 주식이 1주라도 들어있으면 주식형으로 분류한다. 반면 공사채형은 국공채와 회사채 등으로 편입한다.

주3) 뮤추얼펀드 : 폐쇄형과 개방형으로 분류하는데 일종의 한시적 회사형태를 띠게 되어서 증권시장 투자회사부에 상장할 수 있으며 거래도 된다. 폐쇄형은 설정기간동안 환매할 수 없으나 개방형 뮤추얼펀드는 환매가 자유로운 것이 다르다.

주4) 간접투자 : 본인명의로 증권계좌를 개설하여 본인의 의지로 매매하는 것이 아닌 투자신탁회사 등의 주식관련 상품, 즉 뮤추얼펀드나 주식형 수익증권에 가입하여 운용회사가 고객을 대리하여 투자하는 것을 말함.

주5) 종합주가지수(KOSPI) : 우리나라의 종합주가지수는 1980년 1월 3일 기준으로 시가총액식으로 작성되고 있다.

주6) 가격제한폭 : 하루동안 올라갈 수 있는 최대 상승폭(상한가, 현 15%)와 최대 하락(하한가, 15%)를 말함.

주7) 신용투자 : 증권회사로부터 일정기간, 일정비율만큼 돈을 빌려 투자하는 경우로 현금만 투자하는 경우와 구별한다.

주8) IMF : 국제통화기금 INTERNATIONAL MONEYTARY FUND의 약자

주9) 입고 : 현금이나 수표를 맡기고 찾는 것을 입출금(入出金)이라 하는 반면 주식이나 채권과 같은 유가증권을 맡기고 찾는 것을 입·출고(入·出庫)라 한다.

주10) 홈트레이딩시스템 : 통신수단의 발달로 PC통신이나 인터넷을 이용하여 주식을 안방에서 거래하는 제도로 급속히 확산되는 추세에 있다.

주11) 자기매매 : 자기 매매는 증권회사의 자산으로 유가증권에 투자하는 것을 말하며 고객의 위탁매매와 구분한다.

주12) 단주 : 주식 매매수량단위인 10주에 미달하는 주권(端株 : 1~9주)

주13) PER : Price Earning Ratio. P/EPS로 주가수익 비율을 말한다.

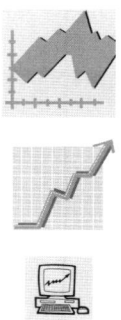

제2장
중권시장의 이해

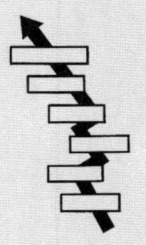

종합주가지수

1. 종합주가지수와 시가총액

이른 봄엔 밭 갈고 씨 뿌리고 더운 여름엔 뙤약볕 아래 검게 그을렸을 농부들의 수확의 기쁨은 그 어느 누구보다 자못 크리라 생각된다.

주식투자도 마찬가지라는 생각이 들 때가 가끔 있다. 주식투자를 일년간 농사를 짓는 것으로 생각한다면 지금쯤 개인마다 얼마나 수확을 거두어 들일 수 있을까?

1998년 연말 종합주가지수는 562.46포인트였다. 1999년 9월 22일 종합주가지수가 941.57포인트이므로 종합주가지수는 현 379.11포인트가 오른 셈이다. 수익률로 따지면 941.57포인트에서 562.46포인트 뺀 379.11포인트를 1998년 말 종합주가지수 562.46포인트로 나누면 67.4%가 된다.

은행의 정기예금이자율이 10%가 안되니까 올해는 주식투자 수익률이 어떤 투자대상보다 훨씬 높았다고 할 수 있다. 그러나 주식에 투자했던 투자자 모두가 이와 같은 높은 수익을 내고 있을까? 전혀 그렇지가 않다.

일간신문을 비롯하여 모든 TV방송국에서도 이제는 뉴스시간에 거의 빠짐없이 "종합주가지수가 몇 포인트 올랐다 또는 몇십 포인트 내렸다."고 하는 보도를 하고 있다.

그러면 왜 주가가 크게 올랐는데도 일반 투자자들의 수익률은 신통치 않은 것일까? 투자운용 주체마다 운용실력의 차이를 제외하면 그것은 종합주가지수라는 지표를 계산하는 원리를 이해하지 못하기 때문이라고 생각한다.

2. 주가지수 산출방법

증권시장의 전체가치를 총체적으로 나타내는 것이 바로 "종합주가지수"이다. 주가지수는 주식시장의 흐름을 반영하는 지표로 계산방법에 따라 서로 다른 성질을 갖는다.

주가지수 산출방법에는 가중치를 각 주식의 가격수준에 동등하게 부여하는 방법, 개별주식의 가격수준에 따라 부여하는 방법, 개별주식의 시가총액에 따라 부여하는 방법 등이 있다.

❑ 시가총액식

우리나라의 종합주가지수는 '시가총액식'으로 산출하는데 시가총액이라는 것은 말 그대로 한국증권거래소에 상장되어 있는 전 종목의 발행주식수를 각각의 종목별 시가로 곱한 총 합계액을 말한다.

이 시가총액의 크기를 일정한 기준시점의 크기와 비교하여 나오는 수치가 바로 1000포인트, 900포인트라고 부르는 종합주가지수인 것이다. 기준이 되는 이 일정시점은 현재 1980년 1월 3일을 기준일로 적용하고 있으며 한국증권거래소가 1983년 1월 4일부터 산출해 발표해오고 있다.

$$\text{종합주가지수 (KOSPI)} = \frac{\text{비교시점의 시가총액}}{\text{기준시점의 시가총액}} \times 100$$

종합주가지수를 영문약어로는 'KOSPI'라고 표기를 하는데 코스피'라고 읽으며 Korea Composite Stock Price Index의 약자이다.

❏ 종합지수에 영향 큰 'KOSPI 200'

그렇다면 KOSPI 200 이라는 지수는 무엇일까 ?

상장된 전체 종목 중에서 시가총액비중이 크고 산업별 중요도가 높은 200개 종목을 따로 선정해 시가총액식으로 산출해내는 지수를 KOSPI 200이라고 한다. 대다수 기관투자가들은 펀드 설정시 KOSPI 200 종목 내에서 상품을 운영하고 있다.

주식시장에는 현물시장 외에도 선물과 옵션시장이 있는데 선물과 옵션시장에서는 KOSPI 200 지수를 기준으로 운영하고 있다.

KOSPI 와 마찬가지로 다음과 같이 산출한다.

$$\text{KOSPI200} = \frac{\text{비교시점의 200개 구성종목의 시가총액}}{\text{기준시점 의200개 구성종목의 시가총액}} \times 100$$

1999년 9월 22일 KOSPI 200은 114.30포인트로 기준시점을 1990년 1월 3일로 적용하고 있다.

현재시점에서 우리나라 증권시장의 시가총액이 가장 큰 종목을 순서대로 볼 것 같으면 1위가 삼성전자, 2위 한국전력, 3위 포항제철, 4위 한국통신, 5위가 SK텔레콤이다. 이들 다섯 개 종목이 전체 시가총액에서 차지하는 비중이 50~60%가 넘기 때문에 사실상 이 다섯 종목의 주가가 하락하면 종합주가지수도 하락하고 오르면 상승한다고 보아도 된다.

❑ 대형주 및 중소형주의 구분기준

우리나라 종합주가지수 KOSPI는 1부, 2부 등에서 소속부별로 발표를 하고 있을 뿐만 아니라 산업별로도 어업, 제조업, 은행업, 증권업 등으로 구분하여 산출하고 있으며 자본금의 크기에 따라서 규모별로 대형주(자본금 750억원 이상)지수, 중형주(350억원 이상 750억원 미만)지수, 소형주(350억원 이하)지수 등으로도 발표가 되고 있다.

IMF 외환위기로 투자 부적격 국가였던 우리나라의 국가신용등급이 연초에 상향조정되고 경기회복 속도도 확연하였다. 또한 금리의 하향안정화로 증권시장에는 거액의 돈이 많이 몰려들어 주가가 크게 올랐다.

외국인투자자와 기관투자자들은 투자자들이 맡겨놓은 거액의 돈으로 우리나라를 대표할 수 있을 뿐만 아니라 기업내용이 우량하고 언제든지 사고 팔 수 있는 종목들을 집중적으로 사고 팔았는데 바로 시가총액이 크고 우량한 삼성전자, 포철, SK-텔레콤, 한국전력, 한국통신 등과 같은 종목이 이에 해당한다. 스포츠경기로 하자면 일종의 국가대표 선수인 셈이다

❏ 국가대표선수 '빅 5'

증권시장에서는 이들 5개 종목을 흔히들 '빅 5'라고 부른다. 따라서 시가총액이 작으면서 저평가 된 개별우량종목도 많이 있지만 기관과 외국인이 선호하는 대형주에 비해서 수익이 낮았던 것이다.

'빅 5' 종목이 크게 오를 때 종합주가지수는 많이 올랐어도 내가 가지고 있는 종목의 시세는 전혀 오르지 않는 경우도 있고 심지어 하락하는 경우도 생겨나게 되는 것이다.

반대로 '빅 5'가 하락하면 종합주가지수는 크게 내렸어도 내가 가지고 있는 종목의 시세는 전혀 내리지 않는 경우도 자주 있으며 심지어는 큰 폭으로 오르는 경우도 생긴다.

1999년 10월 1일 시가총액구성비를 나타내는 표를 보아도 알 수

99. 12. 15

【 KOSPI 구성종목 상위종목 순위표 】

(단위 : 주, 원)

종 목	현재가	대비	거래량	시가총액(억)	구성비	자본(억)	주식(만)	구성비
한국통신공사	130,000	▶	1,164,608	405,847	12.47	15,609	31,219	1.82
삼 성 전 자	244,500	▶	910,813	365,405	11.23	7,472	14,945	0.87
한 국 전 력	38,100	▶	2,164,330	243,786	7.49	31,993	63,986	3.73
S K 텔 레 콤	2,700,000	▶	21,304	224,910	6.91	416	833	0.04
포 항 제 철	124,000	▶	559,145	119,635	3.67	4,824	9,648	0.56
데 이 콤	333,000	▶	199,245	19,720	2.45	1,197	2,394	0.13
현 대 전 자	20,500	▶	5,415,520	71,530	2.19	17,446	34,893	2.03
삼 성 전 기	78,000	▶	403,910	58,149	1.78	3,727	7,455	0.43
국 민 은 행	18,750	▶	2,164,800	56,176	1.72	14,980	29,961	1.74
담배인삼공사	26,750	▶	394,020	51,089	1.57	9,549	19,099	1.11
L G 전 자	47,300	▶	1,225,630	50,762	1.56	5,366	10,732	0.62
삼 성 전 자 우	170,000	▶	375,620	40,613	1.24	1,194	2,389	0.13
기 아 차	9,000	▶	2,006,070	40,450	1.24	22,472	44,945	2.62
L G 화 학	40,500	◀	1,531,330	39,532	1.21	4,880	9,761	0.56
L G 정 보	127,500	▶	305,660	39,397	1.21	1,545	3,090	0.18
한 빛 은 행	4,240	◀	6,516,140	37,078	1.13	43,725	87,450	5.10
현 대 차	21,400	▶	965,210	33,698	1.03	7,873	15,747	0.91
주 택 은 행	33,600	✕	900	542,210	33,311	1.02	4,957	9,914	0.57
삼 성 물 산	20,350	▶	4,330,850	31,630	0.97	7,771	15,543	0.90
신 한 은 행	12,000	▶	1,364,340	29,370	0.90	12,237	24,475	1.42

자료 : 한국증권거래소

[전업종 시가총액 구성비]

99. 12. 15

업종	시가총액	구성비	상장주식수	업종	시가총액	구성비	상장주식수
종합	3,349,320	100.00	1,704,594	일차금속	159,519	4.76	66,970
1부	2,274,599	67.91	1,063,796	철강금속	146,060	4.36	50,457
2부	1,056,205	31.53	607,254	비철금속	13,459	0.40	16,512
대형주	2,655,135	79.27	1,302,914	조립금속	1,018,509	30.40	418,402
중형주	379,302	11.32	146,794	조립금속	2,373	0.07	4,863
소형주	314,882	9.40	254,885	기타기계	50,721	1.51	62,698
어업	948	0.02	1,870	전기기계	791,460	23.63	192,310
광업	2,254	0.06	1,064	운수장비	153,251	4.57	136,518
음식료품	68,598	2.04	27,706	기타제조	2,706	0.08	2,541
섬유의복	50,311	1.50	21,460	건설업	56,908	1.69	96,884
종이목재	18,286	0.54	6,246	도매업	68,979	2.05	79,070
화학	37,347	1.11	44,093	운송창고	41,432	1.23	30,612
의약품	33,224	0.99	34,948	수도	7,725	0.23	4,227
비금속광물	4,122	0.12	9,144	육상운송	12,927	0.38	14,859
목재나무	871	0.02	902	금융업	488,846	14.59	566,000
종이제품	13,886	0.41	13,987	은행	272,040	8.12	374,860
화학	195,492	5.83	125,939	종금	10,351	0.30	37,310
화학	1,348,877	4.44	73,348	증권	187,392	5.59	129,527
고무	10,406	0.31	20,943	보험	31,279	0.93	23,158
의약	26,894	0.80	18,500	제조	1,576,063	47.05	748,779
비금속	23,125	0.69	23,425	KOSPI200	2,965,508	88.54	1,120,183

99. 12. 15

[KOSPI 군의 이별시가총액구성비]

(단위 : 주, 원)

종 목	종가(원)	거래량(주)	상장주식수(만주)	시가총액(억원)	시가총액 구성비(%) KOSPI 2007기준	시가총액 구성비(%) KOSPI 기준
한국통신공사	136,000	1,268,173	31,219	424,591	14.32	12.68
삼성전자	255,500	792,262	14,937	381,645	12.87	12.39
한국전력	39,800	2,224,680	63,986	254,666	8.59	7.60
SK텔레콤	2,797,000	28,686	833	233,151	7.86	6.96
포항제철	130,000	707,755	9,648	125,424	4.23	3.74
데이콤	360,000	207,244	2,394	86,194	2.91	2.57
현대전자	21,000	5,573,080	34,893	73,176	2.47	2.19
삼성전기	83,000	455,786	7,455	61,879	2.09	1.85
국민은행	18,800	2,048,230	29,961	56,327	1.90	1.68
담배인삼공사	27,600	546,380	19,099	52,713	1.78	1.57
LG전자	48,700	1,524,080	10,732	52,268	1.76	1.56
LG정보	131,000	321,582	3,090	40,479	1.36	1.21
LG화학	39,500	936,630	9,761	38,557	1.30	1.15
한빛은행	4,170	5,749,120	87,450	36,466	1.23	1.09
현대차	22,200	908,280	15,747	34,958	1.18	1.04
삼성물산	21,500	7,352,400	15,543	33,418	1.13	1.00
주택은행	32,700	518,880	9,914	32,421	1.09	0.97
신한은행	12,250	1,162,780	24,475	29,982	1.01	0.90
삼성증권	43,000	2,072,930	6,944	29,862	1.01	0.89
현대증권	27,250	3,820,070	10,013	27,286	0.92	0.81

자료 : 한국증권거래소

99. 12. 15

【KOSPI 200 일별시가총액구성비】

(단위 : 주, 원)

종목	종가 (원)	거래량 (주)	상장주식주 (만주)	시가총액 (억원)	시가총액 구성비(%)	
					KOSPI 200기준	KOSPI 기준
S K	30,300	899,490	8,971	27,184	0.92	0.81
삼 성 S D I	56,400	561,633	4,639	26,164	0.88	0.78
조 흥 은 행	3,835	1,604,910	67,907	26,042	0.88	0.78
현 대 중 공 업	451,100	442,200	5,520	24,895	0.84	0.74
L G 투 자 증 권	25,800	2,620,560	9,250	23,865	0.80	0.71
제 일 제 당	131,000	338,650	1,750	22,936	0.77	0.68
삼 보 컴 퓨 터	143,000	777,154	1,546	22,115	0.75	0.66
외 환 은 행	4,460	4,747,070	44,434	19,818	0.67	0.59
대 우 증 권	16,900	1,686,420	10,739	18,149	0.61	0.54
S K 증 권	6,370	1,629,460	26,811	17,079	0.58	0.51
삼 성 중 공 업	7,030	6,078,390	23,086	16,229	0.55	0.48
쌍 용 양 회	28,600	171,620	5,629	16,099	0.54	0.48
현 대 건 설	6,410	3,904,770	23,907	15,324	0.52	0.46
대 한 항 공	18,150	1,048,730	6,263	11,369	0.38	0.34
삼 성 항 공	12,850	4,339,500	8,550	10,986	0.37	0.33
하 나 은 행	9,700	13,333,410	11,016	10,685	0.36	0.32
굿 모 닝 증 권	7,500	2,810,950	13,970	10,477	0.35	0.31
신 세 계	72,000	239,066	1,300	9,994	0.34	0.30
한 화 석 화	10,350	1,356,030	9,387	9,715	0.33	0.29
코 데 이 터	19,300	2,753,680	5,007	9,664	0.33	0.29

자료 : 한국증권거래소

 있듯이 KOSPI에서 상위 10개종목이 차지하는 비중이 50%에 육박하는 48.21%며 KOSPI 200에서 차지하는 비중은 55.35%나 되므로 삼성전자와 한국전력, 한국통신, SK텔레콤 등 상위 몇 종목의 주가 움직임이 종합주가지수를 크게 좌우하고 있는 것이다.

❏ 주가평균식

시장의 변동성을 한눈에 알아볼 수 있기 때문에 편리한 종합주가지수는 시가총액방식 말고도 '주가평균식' 산출방법이 있다.

주가평균식은 시가총액방식과 달리 발행주식수를 고려하지 않고 있다.

대표적인 몇 몇 종목을 선정하고 선정된 종목의 주가를 각각 합한 다음 채택한 종목의 수로 나누어 계산하는데 이것이 바로 주가평균식 산정방식이다. 미국 뉴욕증권거래소에 상장된 공업주 30종목을 채용한 다우존스지수(Dow Jones Industrial Average)나 일본의 동경증권거래소 1부에 상장된 225개 종목을 채용한 니케이 225 등이 이에 속한다.

반면 미국의 S&P 500 Index나 일본 TOPIX(Tokyo Stock Price Index)는 시가총액식에 의해 산출된 주가지수이다. 다우존스식 지수가 주가평균식이다 보니 시장전체의 움직임을 제대로 반영시키지 못하여 고안된 지수인 것이다.

❑ 산출대상에 포함되지 않는 경우

그런데 한가지 참고할 것은 우리나라의 종합주가지수를 산출하는 대상종목에 포함이 되지 않는 경우가 몇 가지 있다.

첫째, 신형우선주[1]가 그 대표적인 경우에 해당된다. 즉 종합주가지수는 시가총액식으로 산출을 하는데 보통주 + (신형우선주를 제외한)기존 우선주의 발행주식수에다 우선주가격은 배제하고 보통주의 가격만을 곱한 시가총액을 산출하고 있다.

신형우선주는 산출대상에서 제외되기 때문에 신형우선주가 아무리 오르거나 내려도 종합주가지수에는 영향을 전혀 미치지 않는다. 얼마 전에 종합주가지수는 하락하는 데도 신형우선주만 이상 급등을 하는 경우가 있었다. 상승의 정도가 지나쳐도 보통 지나친 것이 아니어서 심지어는 보통주의 10배 20배 이상씩 오르는 종목도 상당수 있었고 대다수의 우선주종목만 오르는 날이 많았는데도 종합주가지수는 하락한 날이 여러 날 계속 되었던 것이다.

둘째, 기업이 공개되어 신규 상장된 종목의 경우에도 상장일 기준으로 한 달(30일) 동안은 종합주가지수에 반영되지 않고 있다.

최근 현대중공업이 장외등록시장인 코스닥에 소속되었다가 공모를 통해 8월 24일 거래소시장 2부에 상장되었지만 한 달 동안 시가총액에 반영되지 않았다가 매매일수로 31일째가 되는 10월 7일부터 반영되기 시작하였다. 10월 8일 상장된 담배인삼공사도 한 달간은 주가지수 산출대상에 포함되지 않았지만 한 달 후 반영이 되면 시가총액 상위 8위쯤에 해당되는 규모이다.

셋째, 올해부터 상장되기 시작한 증권투자회사부[2]에 속해 있는 '알바스트로'나 '코스파이더' 등과 같은 뮤츄얼펀드(Mutual Fund) 종목들은 현재 시가총액산출 대상에서 제외하고 있다.

❏ 밀레니엄지수

증권거래소는 한국주가지수 50(KOSPI 50)과 한국주가지수 100(KOSPI 100) 등 밀레니엄지수를 개발하여 2000년 1월부터 발표할 예정이라고 한다. 신지수의 구성종목은 종합주가지수(KOSPI)간 구성종목의 일관성 유지를 위해 KOSPI 200 종목 중에서 시가총액과 유동성이 큰 대표종목 50종목과 100종목을 KOSPI 50과 KOSPI 100의 지수구성종목으로 선정하며 KOSPI와 KOSPI 200이 1980년과 1990년에 각각 기준지수가 100포인트로 산정하는 반면 신지수는 2000년 1월 4일 기준지수를 1000포인트로 산정하게 된다. 신지수는 매 30초 간격으로 기존의 KOSPI 등과 동일하게 산출, 발표될 예정이다.

종합주가지수는 단순히 상승과 하락의 포인트만을 볼 것이 아니라 상승률(퍼센트)과 함께 보는 것이 좋다. 미국 다우존스주가가 10,000포인트대이므로 200포인트 또는 300포인트가 오르고 내려도 그 변동률을 우리나라 종합주가지수와 비교할 때는 그다지 큰 것이 아님을 느낄 수 있다.

종합주가지수는 상장기업들의 전체적인 주가 동향을 설명할 뿐만 아니라 정치와 사회적인 요인까지 포함된 국가 전체의 경제상황을 알려주고 있다.

이렇듯 증권시장 전체의 변동수준을 나타내는 지표 종합주가지
수는 장단점이 조금씩 있게 마련인 만큼 상승한 종목과 하락한 종
목들의 성향과 함께 질적인 분포를 훑어보는 것이 주식투자에 도
움이 된다

◉ 주요증시 대표주가지수와 선물지수

국가	주가지수	선물지수
한국	KOSPI(종합주가지수)	KOSPI200
미국	다우존스공업평균지수	다우존스30
〃	S&P500	S&P500
〃	나스닥종합지수	나스닥100
일본	닛케이225	닛케이225
영국	FT-SE100	FT-SE100
독일	DAX	DAX
프랑스	CAC40	CAC40

기술적 분석

1. 기술적 분석의 의의

❑ 기술적 분석의 정의

기술적 분석이란 과거 주가의 변화 양상 및 거래량 등의 변화 추이를 분석하여 미래의 주가가 어떤 방향으로 움직일지를 예측하기 위한 여러 가지 분석 기법을 말한다.

❑ 기술적 분석의 가정

◑ 주가에는 모든 것이 반영되어 있다

주식시장에서 주가에 영향을 미치는 요인인 해당 기업의 내재가치, 정치적 상황, 시장의 심리 등이 이미 주가에 반영되어 있는 것으로 보는 것이다.

◑ 주가는 추세를 따라 움직인다

차트 분석의 궁극적인 목적은 주가 변화를 추세 발전의 이전 단

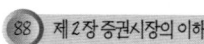

계에서 파악하는 것이고, 대부분의 기술적 분석 방법이 기존의 추세 파악과 향후 전개 방향을 예측하는 것이다.

일반적인 시세의 움직임은 일정한 추세를 형성하면서 진행되는 경향이 있으며, 시세가 지금까지의 진행 방향에서 이탈할 경우에는 반드시 특수한 형태를 형성하는 경향이 있는데, 그 신호를 초기 단계에서 파악하는 것이 중요한 과제가 된다.

◯ 역사는 반복한다

기술적 분석과 시장의 향방에 관한 연구의 대부분은 인간의 심리 연구와 관계가 깊다. 인간의 심리를 그래프상에 나타내면 어떤 독특한 패턴을 형성하며, 그 패턴은 바로 주가 예측을 함에 있어서 과거에도 그 예측 정확성이 뛰어났으므로, 역시 미래에 대해서도 그 유효성이 크다는 것을 가정한다.

❏ 기술적 분석과 기본적 분석의 비교

증권 분석에 있어서, 기본적 분석은 기업의 내재적 가치와 주가는 동일하게 움직인다는 사실에 초점을 두어 기업의 본질가치를 파악하는 것이고, 기술적 분석은 주가의 변동이 수요, 공급에 의해 좌우된다는 전제에서 출발하여, 미래에도 과거의 변동 형태와 동일한 형태로 변동하는 경향이 있으므로 이것을 토대로 미래 주가를 예측하는 것이다.

"The fundamentalist studies the cause of market movement,

 while the technician studies the effect."

2. 기술적 분석의 제 이론

❑ 다우 이론

◐ 다우 이론의 의의

현대 기술적 분석 이론의 시초가 바로 다우 이론이다. 이 이론은 미국의 다우(Dow)에 의해 고안된 이론으로, 그가 '월스트리트저널'지(誌)에 주식시장의 형태에 관한 연재 사설을 발표한 것을 그의 사후에 주위의 동료와 후계자들에 의해 하나의 저서로 발표됨으로써 오늘날 우리가 알고 있는 이론으로 확립되고 널리 인정받게 되었다.

◐ 다우 이론의 6가지 가설

① 주가 평균에는 모든 것이 반영되어 있다.

주식의 수요와 공급에 영향을 미칠 수 있는 모든 요인은 주가 평균에 반영되어진다. 전쟁, 지진 등과 같은 천재지변에 대해서도 이와 같은 사건이 예측되지는 못했다 하더라도 즉각 주가에 반영되는 것이다.

② 주식시장에는 다음의 3가지 추세가 존재한다.

다우의 추세 정의에 따르면 상승 추세란 주가의 고점과 저점이 계속 높아지는 것을 가리키고, 하락 추세란 고점과 저점이 계속 낮아지는 경우를 말한다.

• 주추세, 장기추세(Primary Trend)

다우는 이 추세를 가장 중요시 하였는데 이것은 1년 이상의 수년간 지속되는 추세를 가리킨다.

• 중기추세(Secondary Trend)

주 추세의 조정 움직임을 중기 추세라 하며, 통상 3주에서 3개월 정도 지속된다. 그 움직임은 장기추세 변동폭의 1/3 내지 2/3정도이며, 간혹 1/2가량이 되기도 한다.

• 단기추세(Minor Trend)

중기추세상의 단기변동이며, 그 주기는 3주 미만이다.

③ 장기추세는 다음의 3가지 국면으로 구성된다.

주가 상승시를 예로 들면

• 제1국면 — 모든 악재가 주가에 모두 반영되었다고 판단한 민첩한 투자자들이 주식을 매수하는 단계

• 제2국면 — 대부분의 기술적 분석가들이 주식 매수에 참가하는 단계

주가의 상승폭이 빨라지고, 경제상황이 호전되기 시작한다.

• 제3국면 — 일반 투자자들이 참여하는 단계

매스컴은 주식시장의 호황을 본격적으로 보도하기 시작하고, 경기가 호황 국면에 진입하면서 투기적 거래가 증가한다. 이미 약세장의 바닥권에서 주식을 매수한 투자자들은 매도량이 적은 이 시점부터 서서히 분할매도에 들어간다.

④ 대세전환은 평균치의 확인에 기초한다.

다우는 철도주 평균과 산업주 평균이 동시에 신호를 보내지 않는 한 강세장이나 약세장으로의 대세전환은 발생할 수 없다고 말한다. 즉, 대세전환에 필요한 상황이란 예를 들어 강세장 진입일 경우 그 두 가지 평균이 직전의 고점을 상회해야 한다는 것이다.

다시 말하면, 한 가지 평균만의 신호는 새로운 추세 전환이 아니라 이전 추세의 계속이라는 것이다. 엘리엇 파동이론에서는 1개 평균의 변화만으로 대세전환이 가능하다고 예측하는 것에 비교해서 바로 이러한 점이 다우 이론의 특징이 된다.

⑤ 거래량은 추세와 함께 고려해야 한다.

거래량은 장기 추세가 진행하는 방향으로 증가한다. 즉 장기추세가 상승일 경우 주가가 상승하면 거래량은 늘고 하락하면 거래량이 감소한다. 장기 추세가 하락일 경우에는 주가 하락시에만 거래량이 증가한다.

다우 이론에서의 거래량은 단지 부수적인 변수일 뿐 매수, 매도, 신호의 확인은 전적으로 종가(Closing Prices)에 기준한다.

⑥ 추세는 지속되는 경향을 가진다.

추세의 반전을 알리는 명확한 신호가 있기 까지에는 현 추세가 지속된다는 것을 가정으로 한다. 추세 전환의 신호를 포착하기란 쉬운 일이 아니며, 지지선, 저항선, 가격패턴, 추세선, 이동 평균 등이 기술적 도구로 이용된다.

일반적으로 추세가 지속될 것이라는 확률은 추세 반전의 확률보다 높으며, 다우 이론과 추세 분석에 있어서 가장 어려운 문제는 주가가 하락할 때 그 하락이 기존 추세의 일시적 조정인지, 새로운 추세의 시작인지를 판단하는 것이다.

◉ 다우 이론의 비판

① 다우 이론은 장기 장세 및 장기 약세시장의 진입 시점을 포착하는 데에는 큰 공헌이 있다고 하지만 이 이론에서 제시하는 매도 · 매수 시점들이 현실보다 한발 느리다는 데에서 비판의 대상이 되고 있다. 즉, 이미 주가가 20% 내지 30% 상승한 후에야 매수신호를 보여주기 때문이다.

② 다우 이론의 분석대상은 주가 평균인데 투자자들의 투자대상이 되는 종목은 평균을 사고 파는 것이 아니므로 투자종목 선정에 아무런 도움을 주지 못한다.

◉ 다우 이론에 의한 그래프 분석

① Failure Swing : 단기 고점 C가 이전 고점 A를 따라 잡지 못하고 주저앉으면서 이전 저점 B이하로 주가가 하락하는 상황이다.

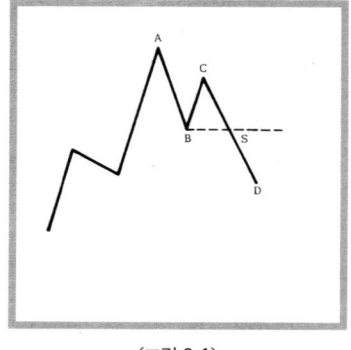

〔그림 2-1〕

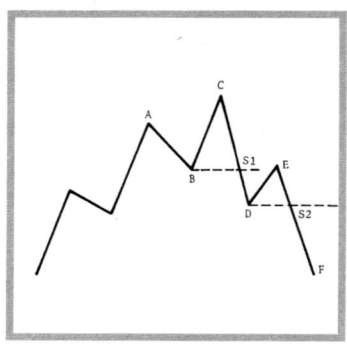

〔그림 2-2〕

〔그림 2-3〕

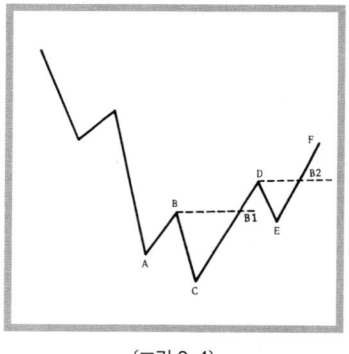

〔그림 2-4〕

이때 S가 매도 시점이다.(그림 2-1 참조)

　② Non Failure Swing : C점이 이전 고점 A를 상회하고 있다가 하락하여 이전 저점 B를 하향 돌파하는 양상이다. 이때 다우 이론 가들 중에는 S1점을 적합한 매도 시점으로 보지 않는 사람들이 있는데 그 이유는 E점에서의 일시 반등을 기대하기 때문이다.(그림 2-2 참조)

③ [그림 2-3]에서는 매수시점이 B1, [그림 2-4]에서는 B1 또는 B2가 매수시점으로 될 수 있다는 것을 보여 준다.

□ 이동평균분석(Moving Average Analysis)

◑ 이동평균분석의 의미

① 이동평균분석은 미세한 주가의 변동을 간과하면서 시장 전체의 방향과 흐름의 분석을 하는데 그 목적이 있다. 이동평균이란 일정기간 동안의 주가를 평균한 것으로 매일마다 가장 최근 일자의 주가가 추가되고 이동평균의 최초일 주가가 제외된다. 이렇게 하여 이동평균선에서 주가의 미세한 변동은 제거되며 급격한 기복이 완화되는 것이다.

② 이동평균은 가장 널리 사용되는 기술적 지표중의 하나인데 작성방법의 수월성, 계량화, 검증의 용이성으로 현재 사용되는 일반적 추세분석 체계의 기초가 되고 있다.

차트 분석은 주관적인 면이 많이 개입되고 검증이 곤란하여, 결과 해석이 모호해지고 이론의 여지가 생길 가능성이 크지만, 이동평균분석은 확실한 매수·매도 신호를 보여준다.

③ 투자기간의 장단에 따라 주가 이동평균선은 몇 가지로 분류될 수 있는데, 현재 우리나라에서는 장기추세에는 150일, 중기추세에는 75일, 단기추세에는 25일 이동평균선이 사용되고 있다.

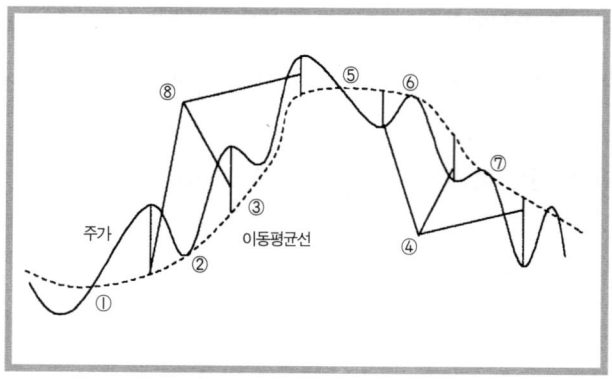

〔그림 2-5〕

● 이동평균선을 통한 주가분석

이동평균선을 주가와 연계시켜 분석하는 방법으로 그랜빌 (Granvile)의 8법칙이 있는데 그 내용을 보면 위와 같다. (그림 2-5 참조)

① 평균선이 장기 하락하다가 횡보 이후 상승으로 전환되는 경우는 매수의 제1단계

② 상승 중에 있는 평균선을 주가가 하회해도 평균선 상승에 변화가 없는 것은 시세가 하락할 때 매수하는 것이다.

③ 주가가 제자리 걸음을 한 후 상승 중에 있는 평균선과 교차하지 않고 재반등은 매수 신호

④ 평균선의 하강 중에도 주가가 이상하게 떨어져 하락하는 경우가 자율반등의 확률이 높음

⑤ 평균선이 장기 상승 후 횡보나 하락하는 경우는 매도준비 1단계

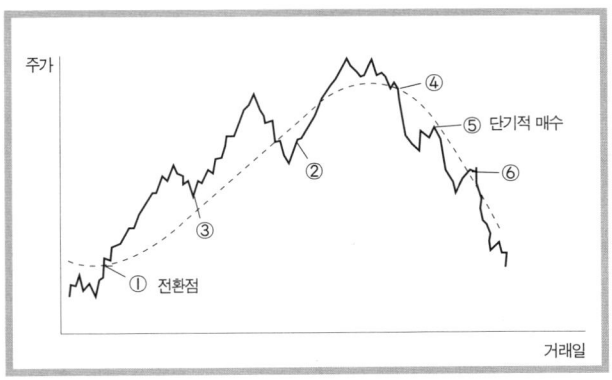

〔그림 2-6〕

⑥ 하강중의 평균선을 주가가 상회해도 평균선의 하락이 멈춰지지 않는 경우, 매도

⑦ 주가가 횡보한 후 하강중의 평균선과 크로스하지 않는 재반등은 매도

⑧ 평균선의 상승중에서 주가가 이상하게 떨어져 상승하는 경우는 자율반락 가능성 높음

• 이동평균 분석에 관한 또 다른 예를 들어보자.

〔그림 2-6〕에서 주식 매입의 신호로 보게 되는 것은 아래와 같다.

① 이동평균선이 하락한 다음 상승하기 시작한 때에 주가가 그 이동평균선을 돌파하여 상승하는 경우

② 주가가 상승세의 이동평균선 아래로 내려가는 경우

③ 이동평균선보다 위에 있던 주가가 이동평균선에 닿지 않을 만큼 떨어졌다가 다시 상승하기 시작하는 경우

• 반대로 주식 매도의 신호로 보게 되는 것은

① 이동평균선에 상승 한 후에 보합적이거나 하락하기 시작할 때에 주가가 그 이동평균선 아래쪽으로 떨어지는 경우

② 주가가 하락추세의 이동평균선 위쪽으로 올라가는 경우

③ 이동평균선의 아래쪽에 있던 주가가 이동평균선에 닿지 않을 만큼 상승하였다가 다시 하락하기 시작한 경우 등이다.

❏ 주가 패턴 분석

◯ 주가 패턴 분석의 의미

주가의 변화를 도표화 시킬 경우 주가 변동은 일정한 패턴을 지니게 된다.

주가는 추세를 따라 움직이려는 경향이 있으며, 잠시동안 추세에서 벗어나 조정국면에 진입하는 경우도 있다. 추세전의 중요한 변환, 즉 추세전환은 돌발적으로 발생하지 않으며, 추세전환시에는 변환 기간이 필요한 것이다.

패턴 분석에서 유의할 점은 추세전환시의 변환기간이 반드시 추세전환의 신호를 나타내는 것이 아니라는 것이다.

즉, 단지 기존 추세상의 일시적 조정으로 다시 기존의 추세선이 지속될 수 있다. 차트 분석의 결과로써 미래의 주가동향을 예측하는 것은 분석가의 경험과 직관에 크게 의존하게 된다.

◐ 주가 패턴의 형성과 확인 방법

주가 패턴에는 추세의 결정적 전환이 나타날 때 발생하는 전환패턴과 추세의 일시적 휴식기간으로서 단기적인 과매도(oversold)나 과매수(overbought)의 수급 불균형으로 야기되는 조정으로 기존 추세가 유지되는 지속패턴이 있다.

이와 같은 패턴 분석에서 부수적으로 고려해야 할 대상으로는 거래량 패턴분석과 목표치 측정기법이다. 거래량은 주가 패턴을 확인하는데 결정적 역할을 하기 때문에 거래량 패턴에 대한 분석은 주가전환 패턴의 확인에 큰 도움을 준다. 또한 대부분의 주가패턴은 향후 목표치를 결정할 수 있는 측정기법을 갖고 있어 이를 이용하면 각 투자자들은 위험 수준에 따른 목표 수익률을 예측하는데 큰 도움을 받을 수 있다.

• 다음은 주요 주가 패턴이 갖는 공통점이다.

① 하나의 전환 패턴은 사전 추세의 존재를 전제로 한다.

② 가까이 올 추세전환을 알리는 최초의 신호는 종종 중요 추세선의 붕괴이다.

③ 패턴의 스케일이 크다는 것은 높이와 폭이 크다는 것을 가리키며, 높이는 주가의 변동을, 폭은 그 주가 패턴이 완성하는 데까지 소요된 시간을 의미한다. 일반적으로 주가 패턴의 크기가 클수록 가격의 변동폭이 크고, 패턴 완성의 소요시간이 길수록 그 패

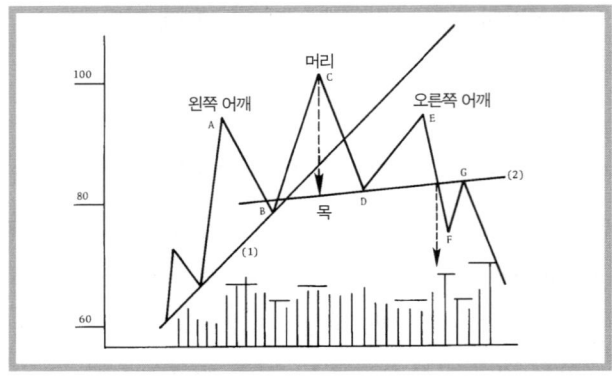

〔그림 2-7〕

턴의 중요성은 커지며, 향후 주가 변동의 잠재력도 커지는 것이다.

④ 저점 패턴보다 고점 패턴은 지속시간이 짧고 변동폭이 심하다.

⑤ 저점에서의 가격 변동폭은 비교적 작으며, 그 형성 시간은 비교적 길다.

⑥ 거래량은 상승시에 더욱 중요한 의미를 지닌다.

◐ 머리 어깨 전환 패턴(Head and Shoulders Reversal Pattern)

이 패턴은 주가 전환패턴의 중요한 형태로서 〔그림 2-7〕을 보며 그 형성 과정을 설명하기로 한다.

① 왼쪽 어깨와 머리 및 오른쪽 어깨의 형성

A점을 향한 상승추세는 예상대로 지속되며 거래량은 새로운 고점에 진입함에 따라 증가한다. 상승 추세 속의 단기 조정점인 B점

역시 이전 저점과 같이 비교적 적은 거래량이다.

고점 (C점)에서 이전 고점(A점)보다 거래량이 적은 것이 발견되는데 이러한 변화 자체가 중요한 의미는 없지만 기술적 분석가들은 "하나의 경계신호(매수 세력의 감소 현상)"로 받아들인다.

주가는 C점에서 하락하여 D점에 이르게 되는데, 이점은 상향 츠세선(1)을 벗어나 이전 고점(A점)보다 아래에 위치하여 이전 저점(B점)에 가깝다. 이런 현상은 상승추세에 이상이 있다는 "또 하나의 경고"이다.

주가는 다시 E점으로 상승하지만 거래량이 이전의 두 고점(A,C점) 보다 현저하게 낮은 수준을 유지함과 동시에, 주가는 이전 고점(C점)에 훨씬 못 미친다.

여기까지의 상황, 즉 E점의 이전 고점(C점)까지의 상승 실패가 의미하는 것은 주가가 하향추세로 진입이 거의 절반 정도 완성되었다는 것이다.

② 목선(Neck Line)의 붕괴

2개의 반락점 B와 D를 연결하는 목선의 붕괴로써 머리 어깨 전환 패턴이 완성된다. 그림에서 이 목선은 약간의 상승 기울기를 나타내고 있는데, 때때로 수평, 더 드물게는 하향 기울기로 나타나기도 한다.

이와 같이 목선을 하향 돌파함으로써, 새로운 하향 추세인 C → D → E → F 점의 연결선이 형성되며, 목선이 붕괴할 때 거래량 증가가 필연적이다.

③ 반등

반등은 목선까지 혹은 이전 저점인 D점까지 일시적 상승이 있을 수 있다. 이러한 반등은 항상 기대되는 것이 아니며, 발생하더라도 소폭 상승에 불과하다.

목선 붕괴시의 거래량이 반등의 폭을 결정하게 되는데 그 내용은 다음과 같다.

- 목선 붕괴시 대량 거래 → 반등 폭이 적다.
- 목선 붕괴시 소량 거래 → 반등 폭이 크다.

④ 머리 어깨형의 요약

- 이전 추세의 존재 필요
- 대량거래 수반한 왼쪽 어깨점(A점)과 그에 이은 반락(B점)
- A점보다 거래량이 적은 신고점(C점) 달성 —1차 경계신호
- 이전 고점(A점)을 하회하며 이전 저점(B점)에 접근하는 반락 (D점)—2차 경계신호
- 현저히 떨어진 거래량으로 이전 고점(C점)보다 낮은 단기고점 (E점) 형성
- B점과 D점을 연결하는 목선 붕괴
- 목선으로의 일시적 반등 내지는 하향 추세로의 전환

❑ 주가 목표치 측정기법

주가 패턴을 분석해 보면 대부분의 목표치 측정은 패턴의 높이

를 근거로 해서 계산된다는 것을 알 수 있다.

여기에서 특이한 점은 이렇게 측정된 목표치는 단지 최소치에 불과하다는 것이다.

예를 들어, 머리 어깨형에서의 목표치를 계산해 보자. (그림 2-7 참조)

목표치	머리(C점)부터 목선으로 내린 수직 거리이므로,

a목선의 높이(점 A까지의 거리)=80

머리의 높이=100

목선 하향 돌파시의 높이(점b까지의 거리)

따라서, 목표치=100-80=20

그러므로, 주가가 목선을 하향 돌파했을 경우 주가는 62(=82-20)까지 최소한 하락하리라고 예상할 수 있는 것이다.

❑ 갭(Gap) 이론

⊙ 갭의 의미

① 주가가 상승 추세에 있을 경우 금일의 최저가가 전일의 최고가보다 더 높이 상승한 상태에서 가격이 형성되어 봉차트 상에서 발생하는 공백(open space, hole)을 의미한다.

② 주가가 하락 추세에 있을 경우 금일의 최고가가 전일의 최저

가 보다 더욱 하락하여 봉차트 상에 공백을 남기는 경우 갭이 나타
난다고 한다.

③ 상승시 갭 = 전일 최고가─금일 최저가

하락시 갭 = 전일 최저가─금일 최고가

"A Gap is closed or filled when the price comes back and
retraces the whole range of the gap."

④ 즉 "갭은 메워진다 혹은 채워진다"라고 하는데 반드시 그렇지
만은 않다. 왜냐하면, 갭이 메워지는 데에는 수일 또는 수개월이
걸릴 수도 있으며 영원히 채워지지 않는 상태로 존재할 수 있기 때
문이다.

⑤ 갭은 4종류의 형태로써 분류할 수 있는데 각각의 형태와 그래
프상의 발생 위치에 따라 미래 주가 흐름의 예측에 있어서 그 의미
가 상이하게 나타난다.

◐ 갭의 4가지 형태

① 보통 갭(Common Gap)

예측 목적상 중요한 의미가 없는 형태이며, 시세 변동이 어느 정
도 일정한 수준 내의 밀집된 영역 안에서 발생된다.

이 갭은 [그림 2-8]에 나타난 것처럼 경험적으로 즉시 채워지는 것
이 보통이며, 대부분의 기술적 분석가는 이 형태의 갭을 무시한다.

② 돌파갭(Breakaway Gap)

이 갭은 통상 차트상에서 중요한 패턴이 완성되는 시점에서 발

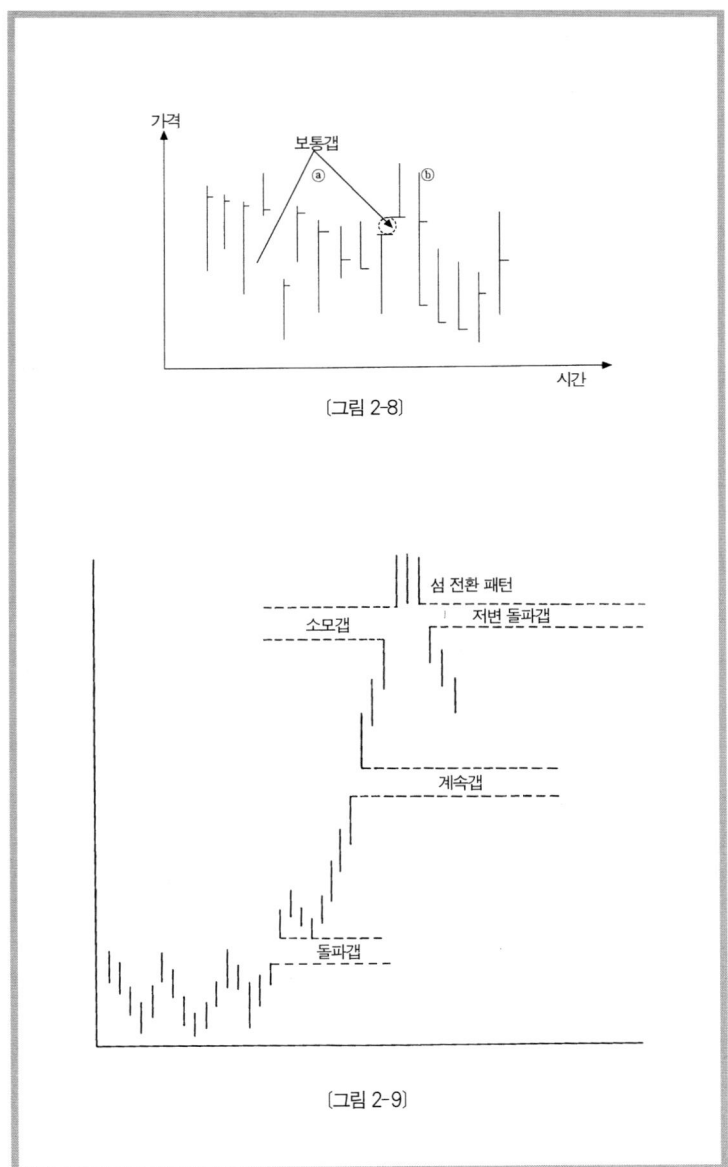

〔그림 2-8〕

〔그림 2-9〕

생하며 중요한 주가 동향의 전환 시점을 알려 주게 된다. 돌파갭의 형성과정에 대한 예를 들면, 역 머리 어깨형의 바닥 형성처럼 의미 있는 주가 패턴이 완성된 후 목선의 돌파는 대부분의 경우 이 형태의 갭으로 나타난다. 또한 주 추세선(Major Trend line)의 돌파를 통한 추세의 전환시에도 돌파갭이 나타나며 이는 새로운 방향 설정의 확인을 시켜주게 된다.

돌파갭에서는 거래량이 하나의 변수로 작용하는데 대량 거래를 수반한 갭에서는 부분적으로 갭이 채워질 수도 있지만 그 가능성은 적어지게 된다.

상향갭은 향후 1차 조정시 지지영역(Support area)으로, 하락갭은 향후 1차 반등시 저항영역(Resistance area)으로 작용하게 된다.(그림 2-9 참조)

③ 계속갭(Runaway or Measuring Gap)

계속갭은 급격한 가격변동선의 중간대에서 발견된다.

예를 들어, 시장 참여자들이 대세 상승의 시점에서 반락 때까지 매입시기를 보류하다 오히려 상승기조가 연속될 때, 매입자들이 급히 시세에 편승하여 매입에 가담하고, 동시에 매도포지션 보유자들도 향후 더 큰 시세상승을 예측하여 손실을 줄이려고 급히 (short - covering)에 가담함으로써 힘찬 상승 추세가 지속될 때 발견되는 것이다.

상승추세에서의 계속갭은 시장기조가 강력하다는 사인이고, 하락측에서의 계속갭은 시장기조가 취약하다는 사인이다.

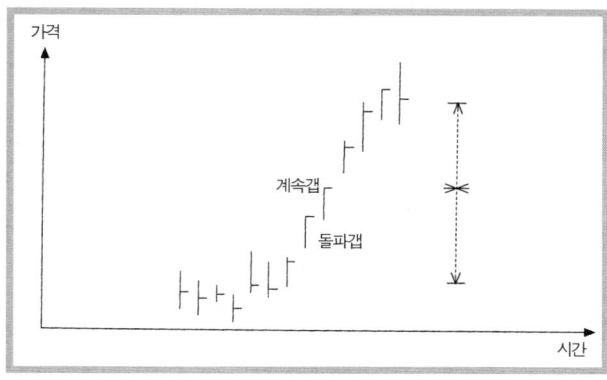

〔그림 2-10 〕

    상층추세에서의 계속갭은 차후 조정시 지지영역으로 작용하는
데 이것이 붕괴될 경우에는 강력한 추세 전환의 신호로 받아들여
진다.

    계속갭을 측정갭(Measuring Gap)이라고도 하는데 그 이유는 이
갭이 통상 추세의 중간지점에서 발생하여 향후 예상되는 추세의
변동폭을 측정해 낼 수 있기 때문이다. 즉, 갭 발생 후에 예상되는
변동폭은 갭 발생 전에 이루어진 변동폭이다. (그림 2-10 참조)

    ④ 소모갭(Exhaustion Gap)
    주요 추세의 마지막에 나타나는 갭의 형태이다.

    기술적 분석가는 돌파갭과 계속갭을 확인한 이후에 소모갭의 발
생시점을 예측하려고 한다.

    이는 계속된 상승추세가 높은 수준에 도달하여 현시세가 과도하

게 높은 것을 의식한 매도세력이 유발되면서 즉시 반락하여 수일 내에 하향추세로 접어들 때 발생한다.

소모갭은 보통갭과 같이 빨리 그 갭이 채워지는 경향이 있다.

⑤ 섬 전환 패턴(The Island Reversal Pattern)

상승 소모갭이 나타난 이후 주가가 수일 내지 1주일 동안 움직임이 둔화된 상태에서 수일간의 손 바뀜 현상(Hands-Changing)으로 짧은 밀집 대형을 이루다가 하락 돌파갭이 나타나면서 하향 추세로의 반전이 나타나는 경우가 있다. 이 때의 모양이 섬 모양과 유사하다고 해서 섬 전환 패턴이라고 한다.

즉, 상승추세의 소모갭 이후 하향추세의 돌파갭이 이어지면 섬 전환 패턴이 형성되며, 이는 중요한 추세 전환을 의미한다.

소모갭 → 며칠사이의 손 바뀜 현상 → 돌파갭

❏ MACD

MACD(Moving Average Convergence & Divergence)는 매우 유용한 지표로 평가받고 있다. 단기와 중기 이동평균의 폭이 좁아지는 것과 넓어지는 것을 이용해 매매시점을 포착하고자 고안된 것이다. MACD를 구하기 위해 사용하는 이동평균은 12일 이동평균과 26일 이동평균이며, 12일 이동평균에서 26일 이동평균을 차감한다.

시그널 라인은 여기에 MACD 자체의 값을 다시 한번 이동평균으로 구하는 것으로 기간 값으로 9일을 사용한다. 시각적으로 교차점을 쉽게 찾기 위해 이동평균 오실레이터를 만들 수 있으며 이를 MACD 오실레이터라고 한다.

오실레이터의 특성상 변곡점을 이용한 시장 움직임을 빠르게 포착할 수 있기 때문에 MACD 오실레이터를 선행지표로써 신뢰도가 높으나 이동평균 오실레이터와 마찬가지로 빗나갈 때도 적지 않은 편이다

MACD = 12일 이동평균 – 26일 이동평균
시그널라인 = MACD의 9일 이동평균
MACD 오실레이터 = MACD – 시그널 라인

MACD의 가장 일반적인 적용방법은 MACD가 시그널 라인을 뚫고 올라갈 때 매입하고 시그널 라인을 뚫고 밑으로 내려올 때 매도하는 것이다. 한편, MACD 오실레이터는 오실레이터가 제로 선을 상향 돌파하면 매입하고 하향 돌파하면 매도하는 것이다. 또한 MACD 오실레이터의 변곡점을 찾아 상향 변곡시에 매수하고 하향 변곡시에 매도한다.

 ❏ RSI (Relative Strength Index)

◑ RSI(상대강도지수)의 의미

① 상대강도와 상대강도 지수

RSI라는 용어가 2개 지수를 상호 비교해서 얻어지는 비율인 상대강도와 혼동되는 경우가 있다.

예를 들어 상대강도는 개별 종목과 종합지수와의 비율을 뜻하며 상대강도지수는 Wilder에 의해 개발된 지표로써 Momentum Index(모멘텀 지수)의 문제점을 개선시킨 개량형이다.

RSI는 주가의 급격한 변동으로 야기되는 왜곡 현상을 해결하고, 공식에 따라 0을 하한으로 100까지 구간안에서 조정된 것이다.

모멘텀 지수(Momentum Index)

n 일간의 모멘텀을 M이라 하면

$M = Vo - Vn$ (Vn = n일전 주가, Vo = 현재 주가)

---

② 공식

$$RSI = \frac{일정기간\ 상승일의\ 상승지수\ 평균}{일정기간\ 하락일의\ 하락지수\ 평균}$$

---

③ 일정기간(Time Period)

RSI에서 말하는 일정기간이란 분석대상 기간을 말하는 것으로는 Wilder는 14일을 사용하였으며 여타의 대부분의 기술적 분석가들은 9일을 사용하고 있다.

일정기간이 짧아질수록 진동은 더욱 민감하고 진폭은 더욱 커지게 된다.

● RSI의 해석요령

① RSI는 0에서 100 사이에서 움직인다.

② 일반적으로 RSI가 70이상이면 매도고려 영역이며, 30이하이면 매수고려 영역이다.

③ 강세장(Bull Market)일 경우에는 80이상이 매도고려 영역이 되고, 20이하가 매수고려 영역이 되기도 한다.

● RSI를 이용한 매매시점 포착

① 매도 신호(Top Failure Swing)

RSI가 70위로 진입한 후 〔그림 2-11〕과 같은 상황을 매도신호라고 하며, 즉시 매도하여야 한다.

② "RSI의 peak가 이전의 peak를 뛰어넘지 못하고 이전의 저점을 하향 통과하여 떨어질 때"

③ 매수 신호(Bottom Failure Swing)

RSI가 30이하로 진입한 후 〔그림 2-12〕와 같은 상황을 연출하면 매수신호라고 하며 즉시 매수에 참여해야 한다.

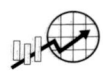

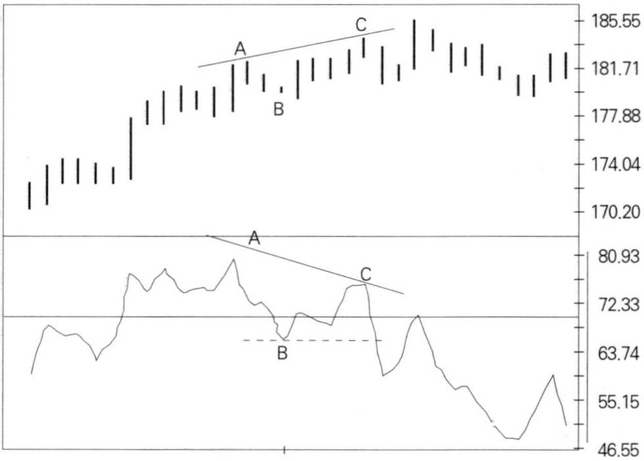
A
C
B
185.55
181.71
177.88
174.04
170.20
A
C
B
80.93
72.33
63.74
55.15
46.55

〔그림 2-11〕

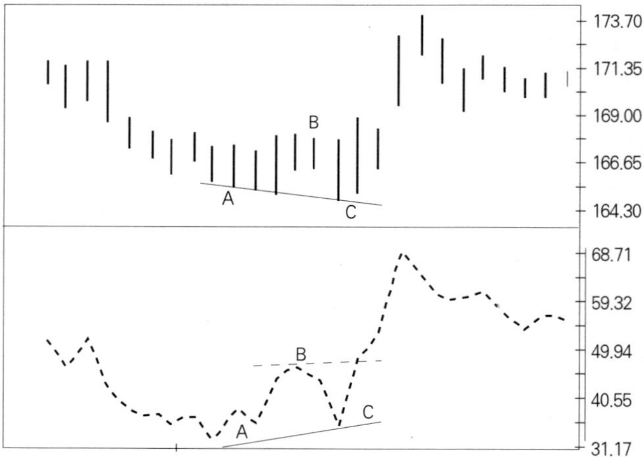
B
A
C
173.70
171.35
169.00
166.65
164.30
B
A
C
68.71
59.32
49.94
40.55
31.17

〔그림 2-12〕

④ RSI가 새로운 저점을 형성하지 않고 이전의 고점을 상향 돌파하여 오른 때, RSI가 "매도고려 영역" 또는 "매수고려 영역"으로 진입하는 순간 기술적 분석가 들이 즉시 매도와 매수에 참여하는 것이 아니라, 위에서 언급한 Failure Swing의 발생 여부를 예측하여 행동을 취하는 것이다.

❏ 소나 차트(Sona Chart)

◐ 소나 차트의 의미

소나 차트는 노무라 증권에서 개발된 것으로 초음파 탐지기로부터 명명되었다. 이 차트는 물리학의 원리를 응용한 것으로 대포 발사후의 대포알로 궤적을 참고로 하고 있다. 변곡점에서의 미분계수가 0이라는 것으로부터 변곡점을 포착하는 분석기법인데, 모멘텀, 모멘텀 이동평균 등을 이용하여 매매 타이밍을 찾는 것이 이 차트 분석의 특색이다.

◐ 소나 차트의 구성요소

주가 소나 차트에서는 수정된 주가를 사용하는데, 신주 발행에 따른 권리락, 감자, 액면가액 변화 등의 주가 시계열 데이터의 불연속 요인을 제거시킨 것이다.

① 주가 이동평균선

소나 차트에서의 모멘텀 분석은 그 직접 분석 대상이 주가 자체

가 아니라 주가 이동평균선이다.

따라서 주가의 이동 평균선을 돌출함에 있어 실제 주가와의 오차나 시차가 발생하지 않도록 정교하게 계산해야 하는데, 특히 고점이나 저점의 주가와 time lag을 줄일 수 있도록 작성해야 한다.

이를 위해 이 차트에서는 최소 자승법을 사용한 이동 회귀 계산을 이용한다.

② 모멘텀

최소 자승법을 이용한 이동 회귀 계산에 의해 구해진 실제 주가 이동평균선의 모멘텀을 구해 이의 움직임을 시계열로 표시한다 (일종의 한계 변화율).

모멘텀이 − 에서 + 로 전환 → 매수신호 (주가의 바닥권 이탈)
모멘텀이 + 에서 − 로 전환 → 매도신호 (주가의 상투권 이탈)

③ 모멘텀 이동평균선

모멘텀과 모멘텀 이동평균선과의 교점이 소나 차트 분석에서는 선행 신호를 나타내는 중요한 의미를 갖는다.(그림 2-13 참조)

🔵 소나 차트의 해석

소나 차트가 제시하는 매매시점 신호에는 다음의 2가지가 있는데 "확인신호"와 "선행신호"가 바로 그것이다.

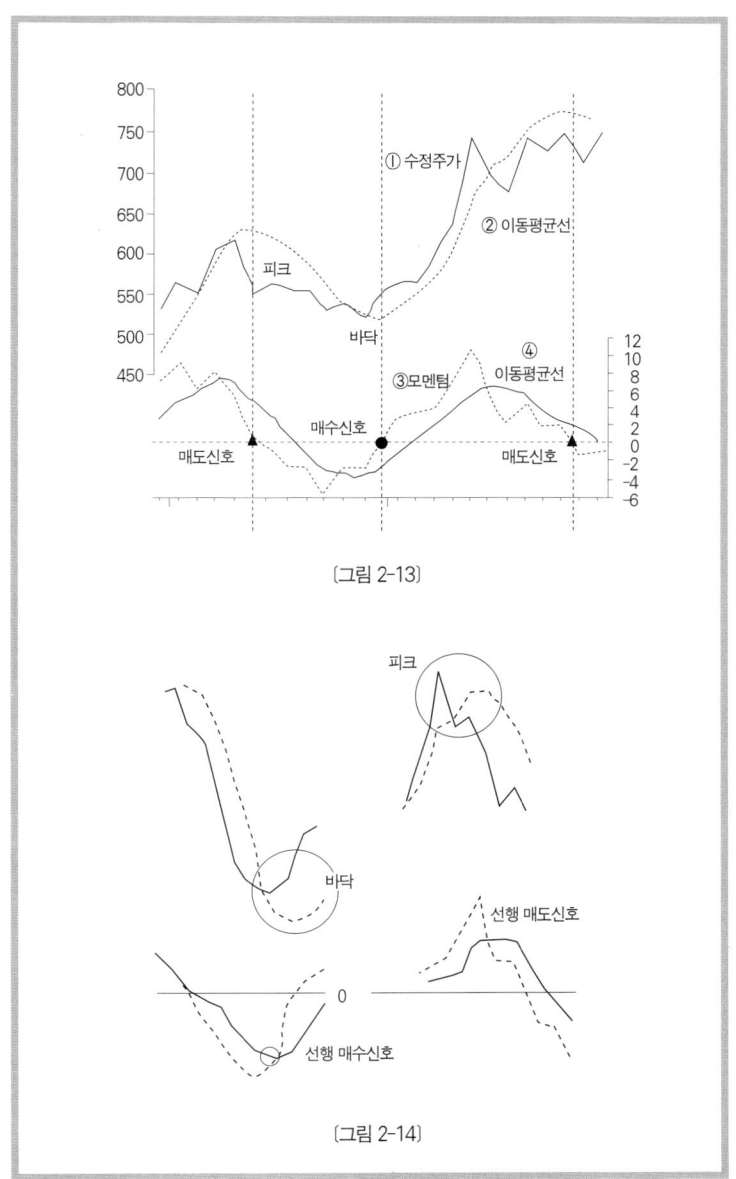

〔그림 2-13〕

〔그림 2-14〕

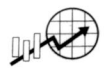

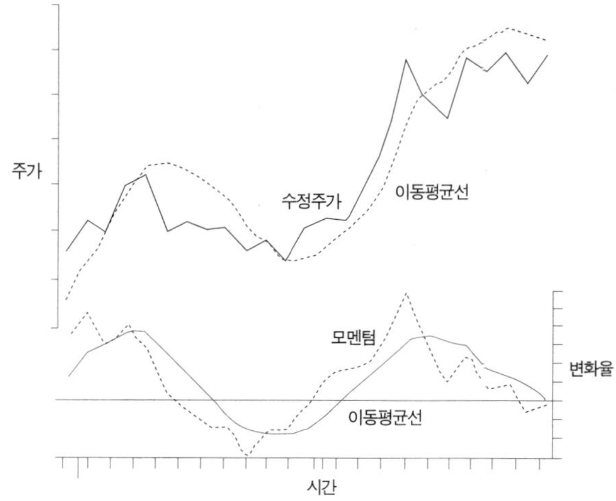
주가
수정주가
이동평균선
모멘텀
변화율
이동평균선
시간

〔그림 2-15〕

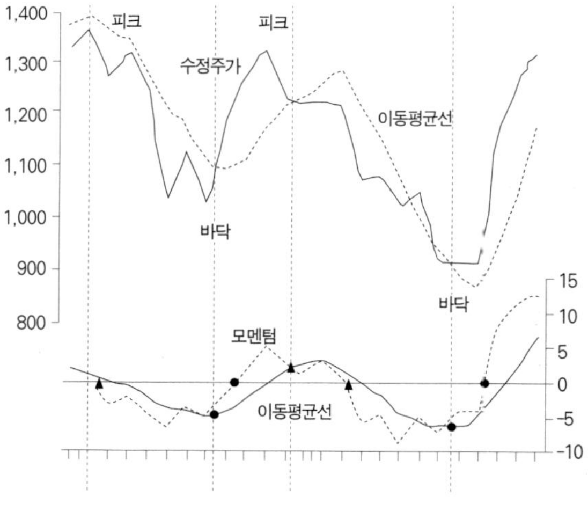
1,400
1,300
1,200
1,100
1,000
900
800
피크
피크
수정주가
이동평균선
바닥
바닥
모멘텀
이동평균선
15
10
5
0
-5
-10

〔그림 2-16〕

① 확인신호

모멘텀과 제로라인(zero line)의 교차점에서 발생한다.(그림 2-15 참조)

• 확인 매수신호 — 모멘텀이 음의 구역에서 상향하면서 제로라인을 통과하는 시점에서 확인 매수 신호가 발생한다.

• 확인 매도신호 — 모멘텀이 양의 구역에서 하락하면서 제로라인을 돌파하는 시점에서 발생한다.

② 선행신호

모멘텀과 모멘텀 이동평균선의 교차점에서 발생한다.(그림 2-16 참조)

• 선행 매수 신호 — 음의 구역에서 모멘텀 이동평균선이 상승하건서 모멘텀을 상향 돌파할 때 발생한다(일종의 Golden Cross).

• 선행 매도 신호 — 양의 구역에서 모멘텀 이동평균선이 하락하면서 모멘텀을 하향 돌파할 때 발생한다(일종의 Dead Cross).

❏ 봉차트(Bar Chart)

◐ 봉차트의 의미

일정기간 동안의 주가변화를 막대모양으로 계속 그려나가는 방법으로써 작성기간에 따라 일간단위의 일봉도와 주간단위의 주봉도, 월간단위의 월봉도로 나뉘어지고, 작성방법에 따라 미국식과

 일본식으로 나뉘어진다.

📍 작성방법

차트중에서도 일반적으로 널리 사용하는 것이 봉차트인데 미국식은 저가, 고가, 종가만을 표시하기 때문에 그리기는 쉬우나 단기의 주가예측에는 일본식보다 부적합하다.

일본식은 음양법을 이용하여 종가가 시가보다 상승한 경우에는 흰색 또는 적색의 봉을 그리고 종가가 시가보다 하락한 경우에는 흑색 또는 청색의 봉을 그리기 때문에 작성방법이 복잡하여 시간이 많이 소요된다는 단점이 있으나, 단기적인 주가예측에 적합하다는 장점이 있다.

미국식

• 저가, 고가, 종가가 각각 다른 경우 ┤ 고가
　　　　　　　　　　　　　　　　　─ 종가
　　　　　　　　　　　　　　　　　　 저가

• 저가와 종가가 같고 고가만 다른 경우 └ 고가
　　　　　　　　　　　　　　　　　　 저가=종가

• 고가와 종가가 같고 저가가 다른 경우 저가 ┬ 고가=종가
　　　　　　　　　　　　　　　　　　　　 저가

• 고가, 저가, 종가가 모두 동일한 경우─고가 = 저가 = 종가

【시가보다 종가가 상승한 경우】

• 시가, 종가, 종가, 저가가 각각 다른 경우

고가
종가
시가
저가

• 시가 = 저가, 종가 = 고가인 경우

종가=고가
시가=저가

• 시가와 저가가 같고 종가와 고가가 다를 경우

고가
종가
시가=저가

• 시가와 저가가 다르고 종가와 고가가 같을 경우

종가=고가
시가
저가

【시가보다 종가가 하락한 경우】

• 시가, 종가, 고가, 저가가 각각 다른 경우

고가
시가
종가
저가

• 시가 = 고가, 저가 = 종가인 경우

시가=고가
종가=저가

• 시가와 고가가 같고 종가와 저가가 다를 경우

시가=고가
종가
저가

• 시가와 고가가 다르고 종가와 저가가 같을 경우

고가
시가

종가=저가

【시가와 종가가 같을 경우】

• 시가와 종가가 같고 저가와 고가가 다를 경우 ┼ 고가
시가=종가
저가

• 시가=종가=저가=고가일 경우 ── 시가=종가=고가=저가

• 시가=종가=저가이고 고가만 다를 경우 ┴ 고가
시가=종가=저가

• 시가=종가=고가이고 저가만 다를 경우 ── 시가=종가=고가
저가

　주가 차트는 그래프 용지의 눈금에 따라 모양이 다를 수 있는데, 그래프 눈금에는 보통눈금과 대수눈금이 있다. 보통눈금의 그래프는 횡축과 종축의 눈금이 모두 같은 간격으로 되어 있고 대수눈금의 그래프는 눈금이 같은 간격이 아니라 같은 비율로 표시되어 있다.

● 기본패턴

　주가의 기본패턴은 현재의 시장상황을 파악하는 데 도움이 되므로 이 기본 패턴을 잘 이해함으로써 주가의 단기적인 매매시점을 포착할 수 있다.

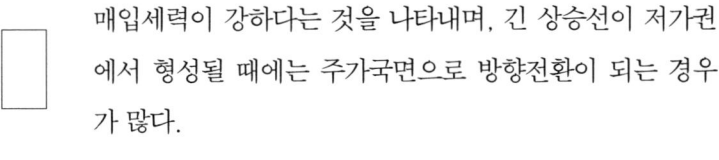 매입세력이 강하다는 것을 나타내며, 긴 상승선이 저가권에서 형성될 때에는 주가국면으로 방향전환이 되는 경우가 많다.

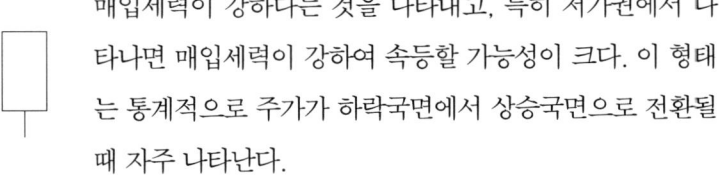 매입세력이 강하다는 것을 나타내고, 특히 저가권에서 나타나면 매입세력이 강하여 속등할 가능성이 크다. 이 형태는 통계적으로 주가가 하락국면에서 상승국면으로 전환될 때 자주 나타난다.

상승기운은 있으나 고가에서 매도세력에 밀려 종가는 고가보다 낮은 가격에서 체결되었다는 것을 말하고, 특히 고가권에서 나타날 때는 반락할 가능성이 높다.

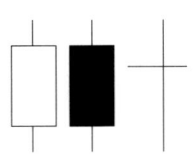 시세가 전환될 때 나타나는 경우가 많으며, 저가권에서는 반등의 가능성이 크고, 고가권에서는 반락의 가능성이 크다. 이 형태는 매입과 매도세력이 서로 균형있게 맞서 있는 상태이다.

매도세력이 강하다는 것을 나타내고, 속락할 가능성이 있으며, 고가권에서 긴하락이 나타날 경우에는 하락국면으로의 방향전환이 되는 경우가 많다.

매도세력이 강하다는 것을 뜻하고 고가권에서 나타나면 하락할 가능성이 높다. 이 형태는 상승에서 하락으로 전환될 때 자주 나타난다.

하락세를 나타내지만 저가권에서는 반등의 가능성이 있다.

강력한 평행국면을 나타내며, 보통 거래량이 적고 침체국면에서 잘 나타난다.

❑ 저항선과 지지선

◐ 저항선과 지지선의 돌파

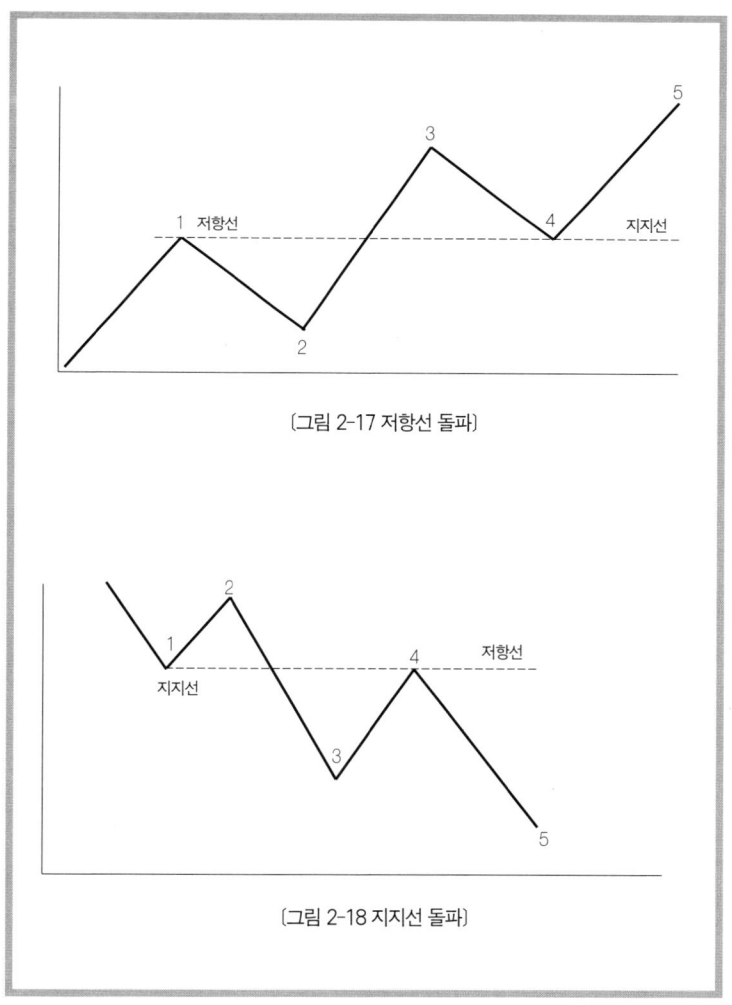

〔그림 2-17 저항선 돌파〕

〔그림 2-18 지지선 돌파〕

저항선

3   5

4 지지선

1

2

저항선

2

1

4

3   5

지지선

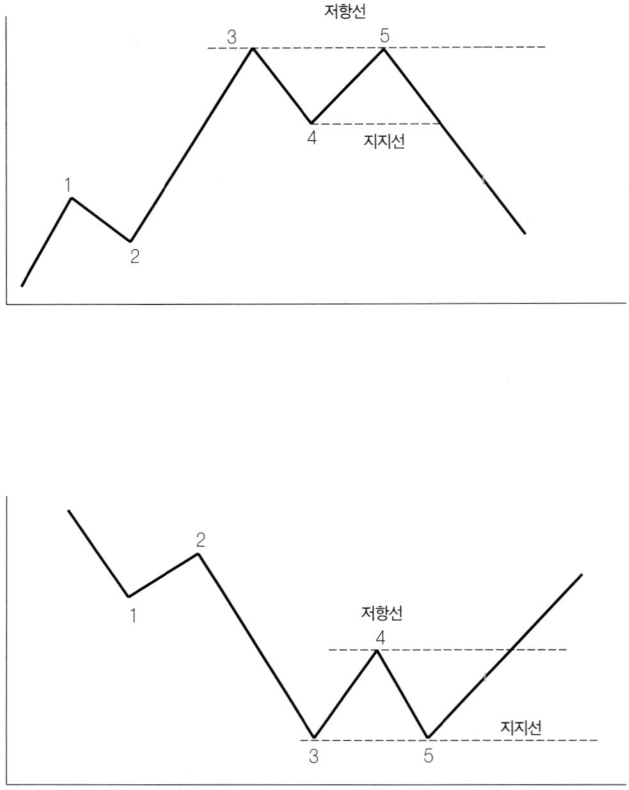

〔그림 2-19〕

◐ 저항선과 지지선의 전환

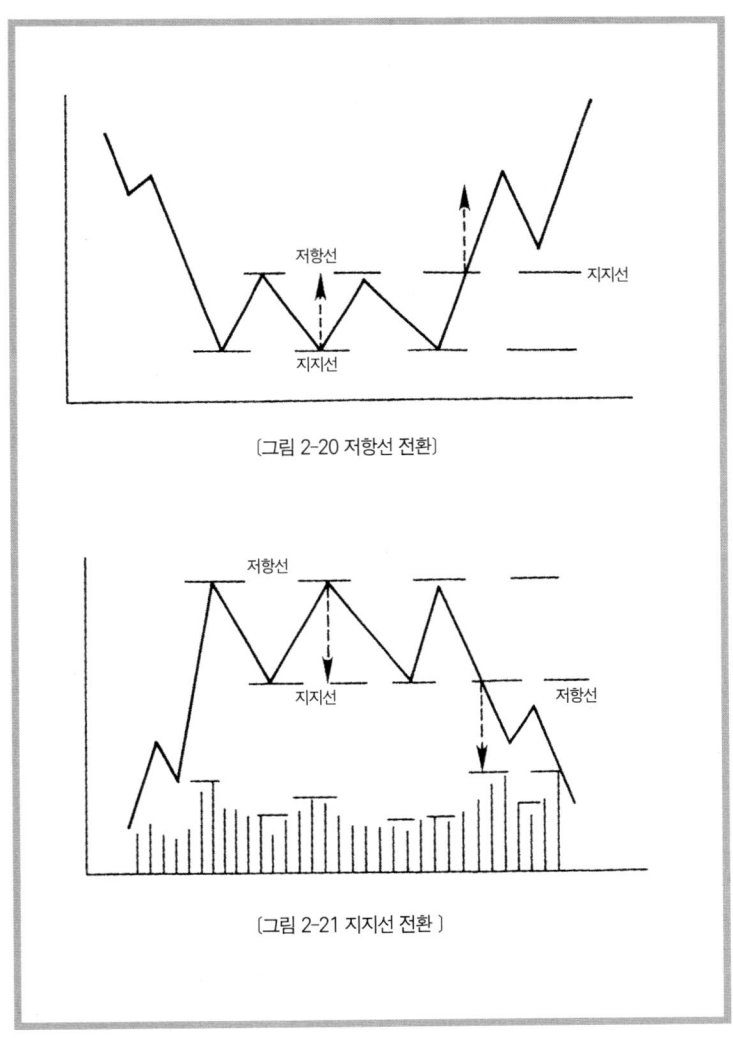

〔그림 2-20 저항선 전환〕

〔그림 2-21 지지선 전환 〕

 ❏ 기술적 분석에 따른 용어 해설

양선— 시가〈종가

옵선— 시가〉종가

※ 양선, 옵선은 전일 종가와 무관

십자성 — 하락십자성(지지십자성) — 반등 예고

　　　　 —상승십자성(저항십자성) — 반락 예고

〔※ 갭 동반시 확률 높음〕

꼬리
　　┌─ 위 꼬리 — 대기 매도세 확인—고가에서 여러 번 형성할
　　│　　　　　 때 하락 예고
　　└─ 아래 꼬리— 대기 매수세 확인—저가에서 여러 번 형성
　　　　　　　　 할 때 상승 예고

갭
　　┌─ 상승 갭—반락
　　└─ 하락 갭—반등

※상승돌파 갭은 본격상승을 예고하나 상승초기 및 상승말기 갭은 반락조짐

이동평균선
　　┌─ 단기—전환 빠르나 속임수 많음 ┐ 평균 단가의
　　└─ 중장기—속임수 적으나 전환 느림 ┘ 개념

❑ 주요 기술적 분석에 따른 매매전략

◐ 엘리엇 파동이론에 의한 대세 판단
① 정의

엘리엇 파동이란 주가는 상승 5파와 하락 3파로 끊임없이 순환
하며 대파동이든 소파동이든 상승 5파와 하락 3파로 이어진다는
것이다.

② 파동의 분류
- 단기파동 ┬ 초소형파
          ├ 소 형 파
          ├ 초단기파
          └ 단 기 파

- 중기파동 ─ 중 형 파   ─   10개월 주기
- 장기파동 ┌ 주 순환파   ─   3년 주기
          └ 대세순환파 ─   10년 주기
- 초장기파동 ┌ 대형 대세 순환파 ─ 50년 주기
            └ 초대형 대세 순환파

※ 대파동 1파는 상승 5파와 하락 3파의 소파동으로 구성되며, 주가의 변화
  는 대 · 소파동으로 끊임없이 순환한다는 것이다.

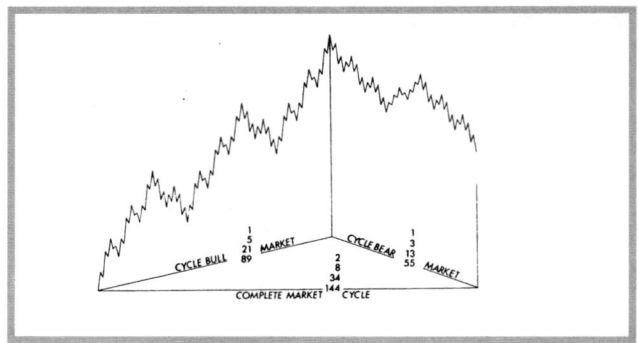

〔그림 2-22〕

◐ 엘리엇 파동의 원리

• 기본원리

엘리엇 파동 즉 상승 5파와 하락 3파의 원리는 고대 이집트에서 사용하던 수열인 피보나치 급수가 그 기본 원리이다.

피보나치 급수란 1, 1, 2, 3, 5, 8, 13, 21, 34, 55, 89, 144, 233 등의 수열을 말하는데, 〔그림 2-22〕에서처럼 엘리엇 파동은 피보나치 급수로 구성되어 있다.

◐ 피보나치 급수의 특징과 황금 분할법

피보나치 급수의 특징은,

① 이 수열의 어떠한 숫자도 그 상위의 수에 대해 0.618 : 1의 비율이, 그 하위의 수에 대해서는 1.618 : 1의 비율이 성립

② 1.618×0.618 = 1이 되어 수원 원점으로 복귀한다.

이러한 피보나치 급수는 황금분할법의 기초가 되며, 황금분할법에 의해 다음과 같이 주가의 목표치를 계산할 수 있다.

1차 목표치 = (A × 1.618−A) 1/3 + A

2차 목표치 = (A × 1.618−A) 1/2 + A

3차 목표치 = A × 1.618

○ 소나 차트에 의한 주가의 전환시기 포착

① 소나 차트의 개념

　모멘텀 운동량곡선과 모멘텀 이동평균을 이용하여 매매타이밍
을 찾는 기법이다.

※모멘텀 : 최소 자승법을 이용한 이동회귀계산에 의해 구해진 실제주가 이동
　　　　　평균선의 한계변화율을 구해 이의 움직임을 시계열로 표시한 것

② 소나 차트의 특색

　모멘텀과 모멘텀 이동평균선의 G.C ─선행매수신호(D.C일 경
우 선행매도신호), 모멘텀과 제로라인(Zero line)의 G.C ─확인
매수 신호 (D.C일 경우 확인매도신호)를 가리킨다.

　일반적인 상승의 경우는 모멘텀은 M자형을 그리고(대체로 뒤의
봉우리가 높음) 금융장세의 경우는 역브이자형, 기술적 반등의 경
우는 M자형을 그린다.

　바닥과 바닥, 천정과 천정간의 간격은 5 ～ 6개월 주기를 형성한
다. 큰 시세 후 운동량 이동평균선은 하락 3파형의 패턴을 형성하
는 경우가 많다.

　　모멘텀이 두번째 봉우리를 형성할 때는 매도, 두번째 바닥을 형성할 때는 매수를 그린다.

❑ 봉차트의 특징에 따른 투자전략

◗ 적삼병과 흑삼병

　　적삼병이란 양선 3개가 연속적으로 출현하는 것이며 상승전환의 일대 분기점이다.

　　고점후 약 100일 전후 또는 그 이상의 기간조정 후 출현해야 신뢰성이 있으며, 주가가 어느 정도 상승한 후 출현할 때는 무의미하다(하락국면의 마지막에 출현할 때 의미가 있음).

　　흑삼병이란 음선 3개가 연속적으로 출현하는 것이며 하락전환 신호이다. 특히 고점에서 2봉 형성 후 흑삼병이 출현할 때는 폭락의 신호로 보면 된다.

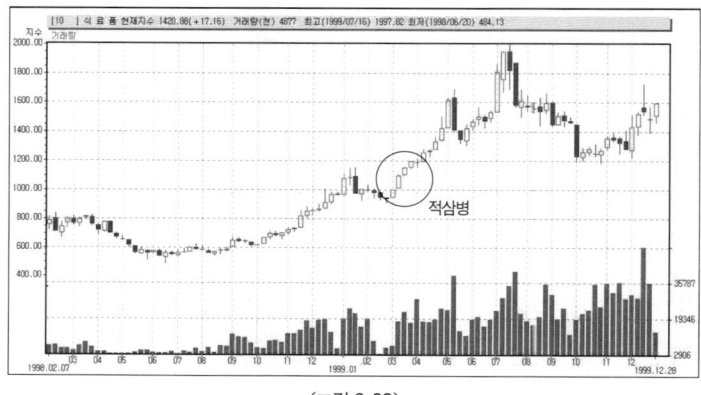

〔그림 2-23〕

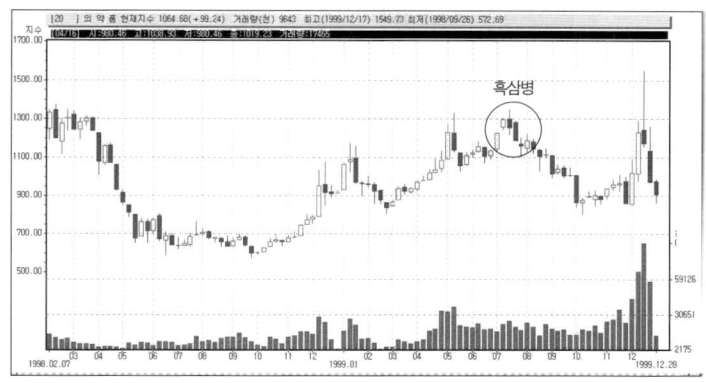

〔그림 2-24〕

• 십자선(†)

상승과정이나 하락과정 중 십자선 (†)형성 후 갭을 형성하면서 하락 음선이 발생할 경우는 주가폭락의 신호로 매도 후 휴식을 취해야 한다.

하락도중 주가흐름이 음선 3개를 한번에 포용하는 장대 양선 출

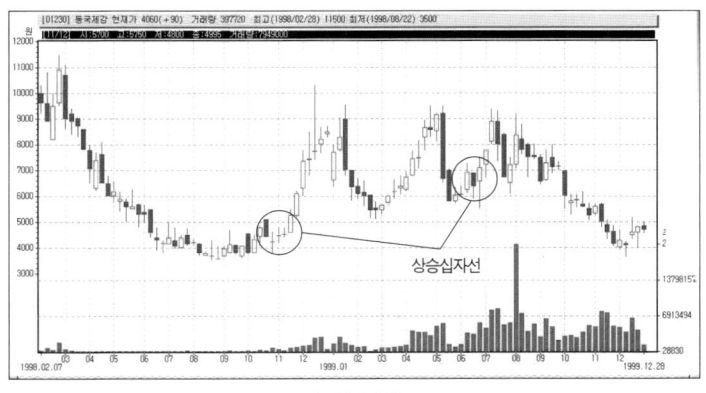

〔그림 2-25〕

〔그림 2-26〕

현은 매도 급소(하락 국면의 마지막에 형성할 때는 매입신호)를
해야 하며, 상승도중이나 하락도중 갭을 메우는 음선이나 양선이
출현할 때는 매도 기회로 보면 된다.

○ Filter Rule에 의한 매수 · 매도 신호
① 개념
주가이동평균선에 의한 매매기법으로서 성공가능성이 낮은 매
매신호의 결함을 제거한 것으로 장기추세의 반대방향으로 매매를
해서는 안된다는 것이 기본 원칙이다.

② 투자전략
주가가 이동평균선을 상향돌파하면서 상승하더라도 이동평균선
이 상방으로 전환할 때 매입하고, 주가가 이동평균선을 하향돌파
하면서 하락하더라도 이동평균선이 하방으로 전환할 때 매도(매도

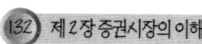

타이밍이 늦다는 점이 결점이지만, 장기추세에 따른 매매 전략으로는 유효하다)한다.

□ 실전투자기법 및 매매운용기술

◑ 차트 분석에 의한 시세의 전환 파악

① 시세의 큰 전환점을 나타내는 차트 상의 특징

• 바닥권에서의 긴 아랫수염은 하락의 끝을 암시하며, 천정권에서의 긴 윗수염은 상투임을 암시한다.

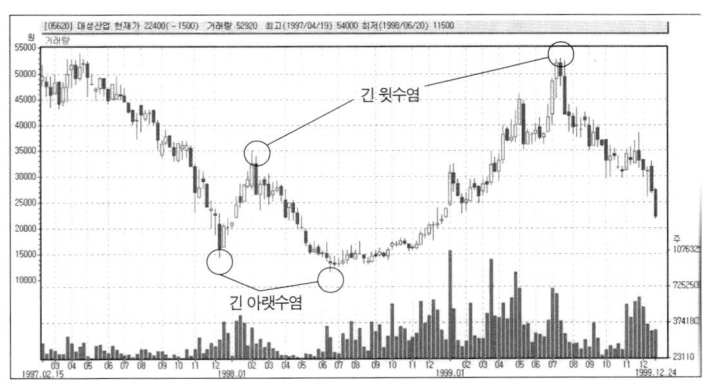

〔그림 2-27〕

• 끈질긴 상승 움직임 뒤에 거래량이 이상하게 커질 때에는 대체로 장세 전환이 가까움을 의미한다(대형주의 경우 대체로 주가가 거의 움직이지 않은 때의 거래량의 10배 전후).

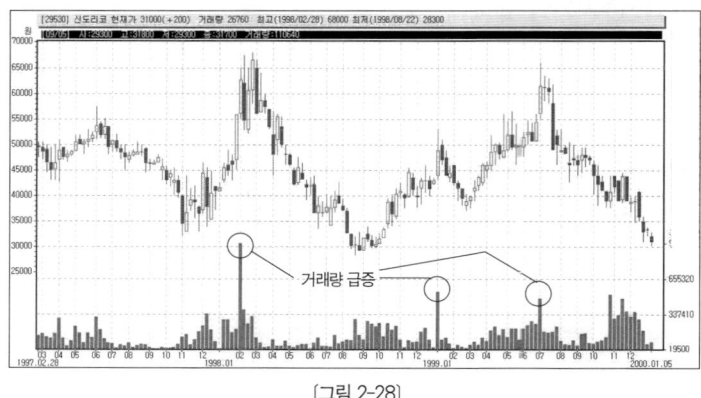

〔그림 2-28〕

• 바닥권에서 주봉이 연속적으로 4번 이상 양선으로 나타날 때에는 큰 장이 될 수 있다.

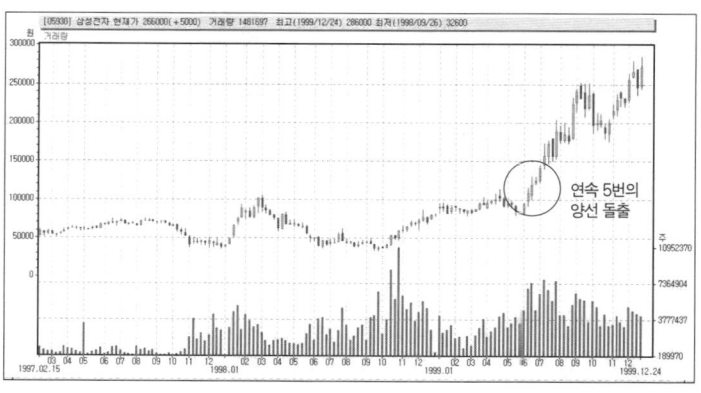

〔그림 2-29〕

• 혼조세에서 나타난 긴 양선은 대체로 큰 장의 징조이다.

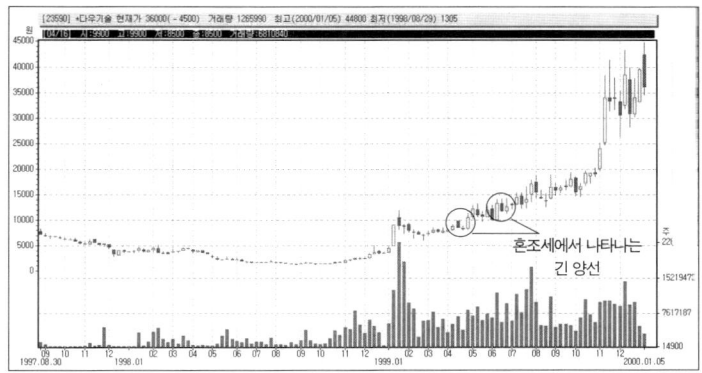

〔그림 2-30〕

• 과거 고점을 갱신하였을 때 다음에 오는 장의 규모는 큰 것으로 된다. 여기서 과거 고점은 몇 년만의 고점 갱신으로 본다.

〔그림 2-31〕

② 차트 분석을 통한 단기매매전략

• 저항선 돌파 후 상승한 종목은 다음 반락할 때 그 저항선이 지지선이 된다(여기서 말하는 저항선은 과거 1~2년간 주가의 2~3개의 고점을 직선으로 연결한 것).

〔그림 2-32〕

• 고가권에서의 양음 형태의 변화는 천정권임을 표시, 저가권에서의 음양 형태의 변화는 바닥권임을 표시한다.

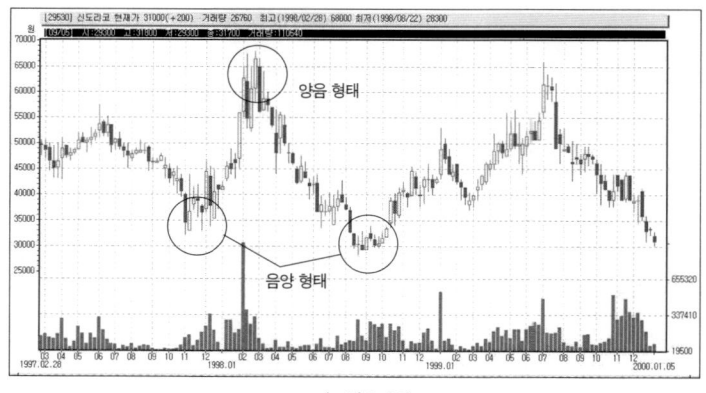

〔그림 2-33〕

• 전일의 실체선이 당일의 실체선보다 긴 형태를 이루면 천정권임을 표시. 특히 바닥권에서 음선이 계속되면서 이러한 형태가 발생하면 하락세력의 소모를 의미한다.

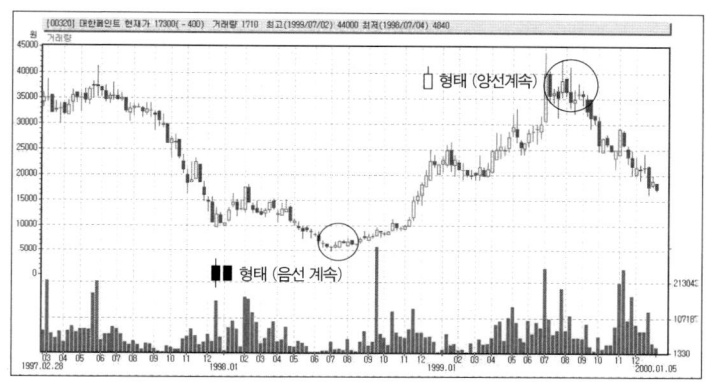

〔그림 2-34〕

• 저점을 형성하고 나서, 2개월이 지나도 저점을 갱신하지 못할 때에는 적극적인 매수, 고점을 형성하고 1개월 이상 지나도 고점의 상향돌파가 없을 때에는 재차 매도한다.

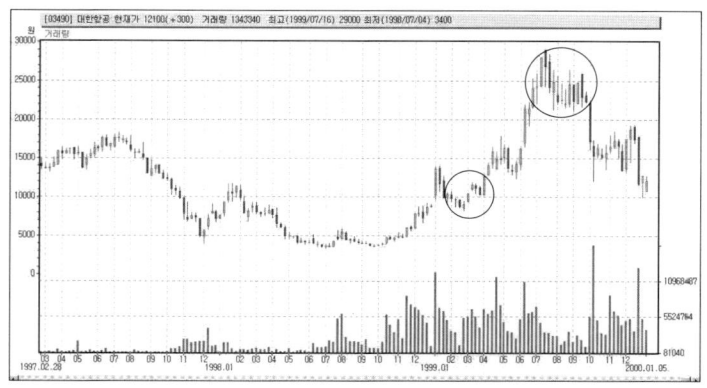

〔그림 2-35〕

• 시장기조가 지속 상승을 나타낼 때 도중의 하락이 긴 아랫 수염을 갖고 있으면 절호의 매수 기회, 그 반대는 적극 매도한다(지속 하락시 도중의 상승이 긴 윗수염을 갖고 있을 때).

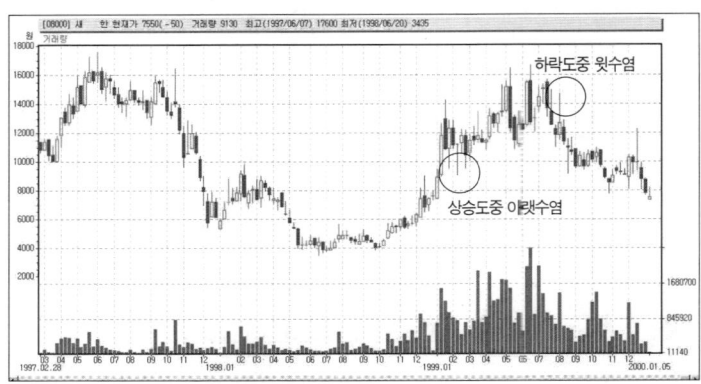

〔그림 2-36〕

실전매매기법 —케이스별 연구

상승장에서의 매도기법

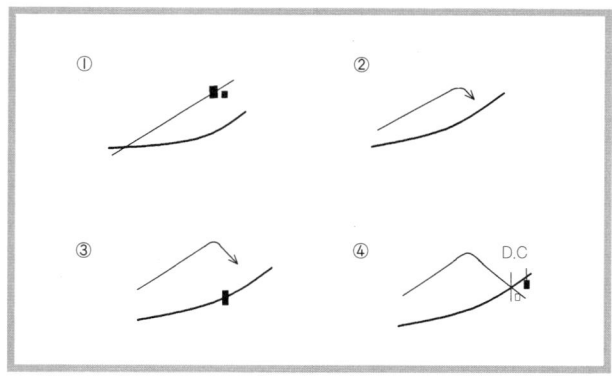

〔그림 2-37〕

① 주가가 6일 이동평균선과 2일간 Dead cross 발생시(1차 매도)

② 6일 이동평균선이 상승에서 하향으로 전환되는 시점(2차 매도)

③ 당일주가와 25일 이동평균선의 Dead cross 발생시(3차 매도)

④ 6일 이동평균선과 25일 이동 평균선의 Dead cross 발생 후 첫 음선이 생길 때(4차 매도)

하락 기조시 단타매매 기법

단기 · 장기적으로 주가가 지속적으로 하락하다가(이슬비 장세) 그 말기에는 투매현상이 나타나는데 이 경우 과감한 부분 매수전 략이 필요하다(특히 갭을 동반한 투매를 할 때에는 신빙성 있는 하 락 말기).

—기술적 반등을 겨냥한 단타매수전략

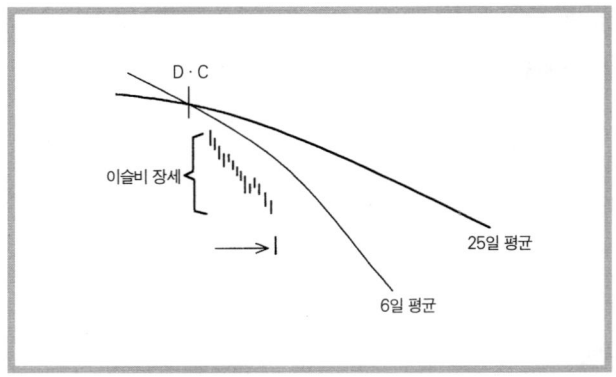

〔그림 2-38〕

하락기조에서의 선도 세력들의 매집 현상 포착

6일과 25일 이동평균선의 역배열 상태에서, 종가가 시초가보다 크면(양선 출현) 전일보다 주가가 올랐고, 당일거래량이 평소거래량의 5배가 되면서 다음달 거래가 증가할 때는 하락기조에서 벗어날 때의 선도 세력들의 매집으로 볼 수 있다.

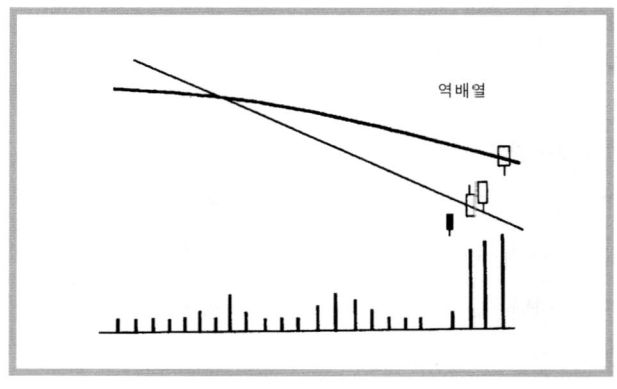

〔그림 2-39〕

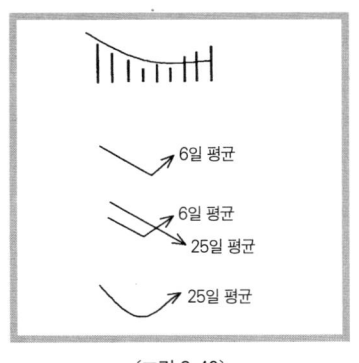

〔그림 2-40〕

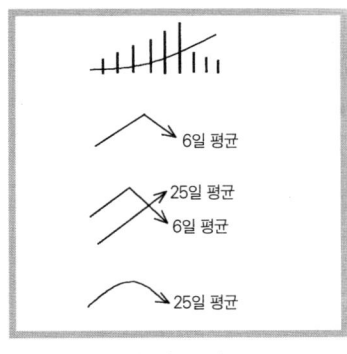

〔그림 2-41〕

거래량 이동평균선을 이용한 주가전환 시점 파악

• 하락에서 상승으로 전환할 때의 특징(그림 2- 40 참조)

당일 거래량이 3일간 6일 거래량 이동평균선을 상회(1단계)

6일 거래량 이동평균선이 상향으로 전환(2단계)

6일과 25일 거래량 이동평균선의 G.C 발생(3단계)

25일 거래량 이동평균선이 상향으로 전환(4단계)

• 상승에서 하락으로 전환할 때의 특징(그림 2-41 참조)

당일 거래량이 3일간 6일 거래량 이동평균선을 하회(1단계)

6일 거래량 이동평균선이 하향으로 전환(2단계)

6일과 25일 거래량 이동평균선의 G.C 발생(3단계)

25일 거래량 이동평균선이 하향으로 전환(4단계)

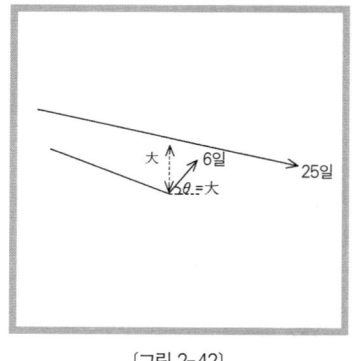

〔그림 2-42〕

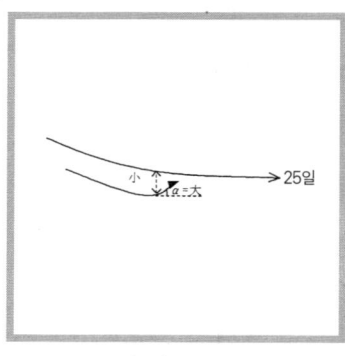

〔그림 2-43〕

단기반등주가와 본격 상승세 전환 주가의 구별방법

하락기조에서 주가 상승할 때 6일 이동평균선과 25일 이동평균선의 이격이 큰 상태에서 상승할 때는 단기 반등일 가능성이 크며, 재하락 확률이 높다.(그림 2-42 참조)

하락기조에서 주가 상승할 때 6일 이동평균선과 25일 이동평균선의 이격이 작은 상태에서 상승할 때는 단기 반등이라기보다는 상승세 전환의 가능성이 높다.(그림 2-43 참조)

이격도를 이용한 과열종목 매도

주가는 항상 이동평균선에 회귀하려는 성질을 갖고 있다. 따라서 이러한 이격도(주로 25일 이격도를 사용)를 이용한 매매는 매우 유용하게 쓰이고 있는 바, 과열시 세로 이격도가 많이 벌어질 경우 주가는 조정받게 되는데 다음과 같은 경우에는 조정을 예고한다고 볼 수 있다.

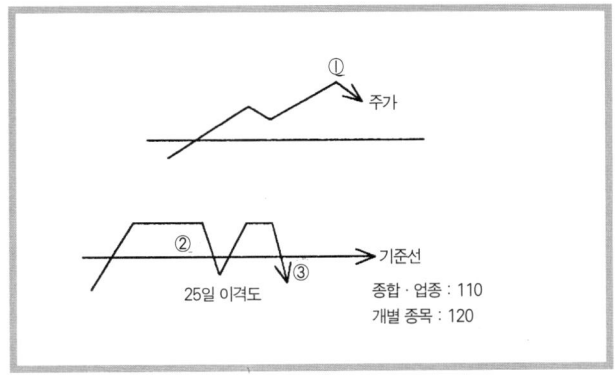

〔그림 2-44〕

① 기준이격도 위에서 주가가 두 번 이상 하락할 때 기준이격도 아래로 하회할 때

② 앞의 기준선 위에 있는 기간보다 뒤의 기간이 짧을 때

③ 기준이격도 : 종합 업종 110, 개별종목 : 120

상승에너지가 축적된 종목의 선별

• 기간조정을 받으면서, 주가가 6일 이동평균선을 중심으로 등락을 되풀이 하다가 6일 이동평균선이 25일 이동평균선에 근접하면서 당일 주가가 양선을 보이며 상승하는 경우

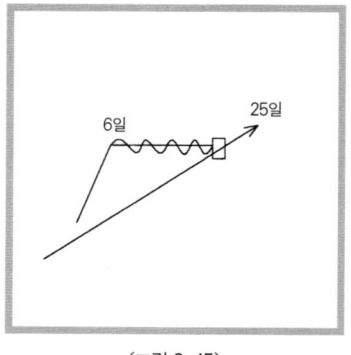

〔그림 2-45〕

① 6일선을 중심으로 등락 되
풀이
② 6일선이 25일선 근접시 당
일주가 양선 상승

• 6일 이동평균선의 기울기가 상승된 상태에서 당일 주가가 6
일 이동평균선에 근접하면서 양선을 보이며 상승하는 경우

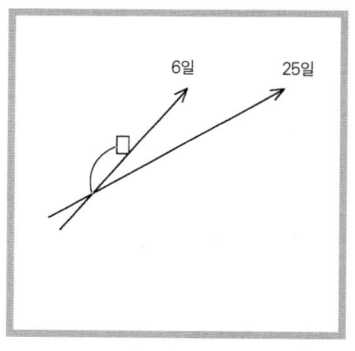

〔그림 2-46〕

① 6일 평균 기울기 상승
②당일주가가 6일선 근접할 때
양선 상승

거래 천정 확인법

• 당일 확인법

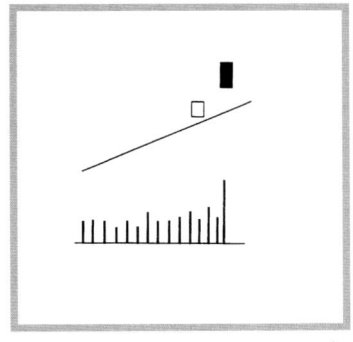

〔그림 2-47〕

거래량이 최근 1달간 최고치이고, 갭을 동반한 음선(시가>종가)이 발생할 때에는 거래 천정이라 볼 수 있다(단, 다음 날 거래 동반하면서 양선일 때는 전일거래 천정은 속임수).

• 다음날 확인법

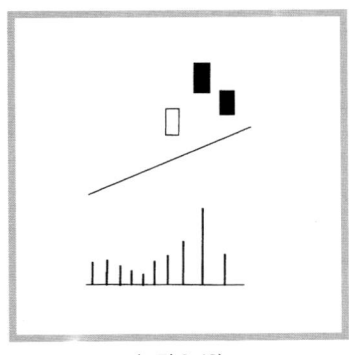

〔그림 2-48〕

전일조건이 거래 천정 당일 확인법에 해당하면서 금일 거래량이 급감할 때(특히 거래량이 6일 거래량 이동평균선 아래로 하강하거나 전일거래량의 1/2보다 작은 경우).

• 차후 확인법

주가는 앞고점을 갱신하면서 상승하지만 거래량은 최고거래량 아래이면서 6일 거래량 이동평균선이 하강하는 경우

〔그림 2-49〕

상승장에서의 추격매수 시기

상승장에서의 매수는 장중 조정할 경우에 이용해야 하며 장중 최저가가 6일 이동평균선 아래 붕괴된 후 종가에서 복귀(양선 출현)하는 경우나 시초가가 6일 이동평균선 아래 붕괴된 후 종가에서 복귀(양선출현)할 때 추격매수가 가능(특히 6일 이동평균선과

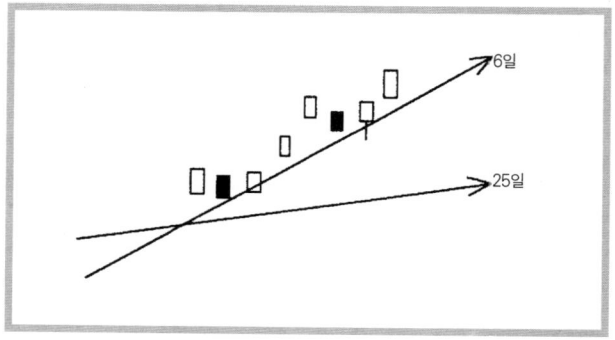

〔그림 2-50〕

25일 이동평균선의 이격이 작을 때 적중률이 높다)하다.

대음선 출현시의 매도전략

여기서 말하는 대음선의 기준은 음선쪽이 상한가 가격폭 이상일 경우이고 전일 주가가 양선이면서 상승 했을 때이다(전일주가 하락 후 대음선은 의미 없음).

• 주가가 6일 이동평균선 아래로 붕괴되지 않을 경우

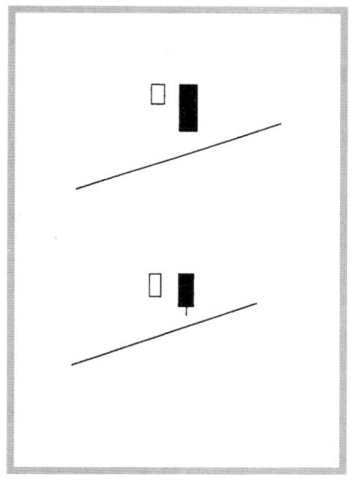

① 꼬리가 없는 대음선일 경우 종가 이상의 반등기회가 있으므로 추격매도 자제하고 반등할 때 매도 고려

② 꼬리가 있는 대음선일 경우 대기매수세 확인으로 대응선에서 제외

〔그림 2-51〕

• 주가가 6일 이동평균선 아래로 붕괴될 경우(그림 2-52 참조)

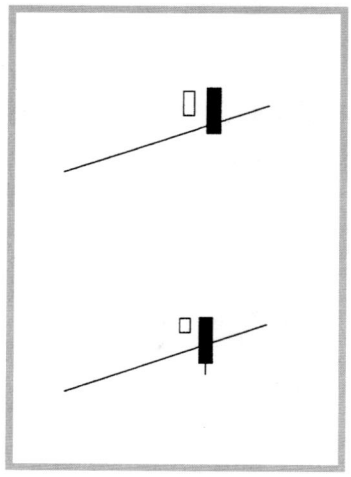

〔그림 2-52〕

꼬리유무에 상관없이 에너지가 급격히 취약하므로 추가 혹은 기간조정을 예고한다고 볼 수 있다.

거래량을 이용한 매매전략

• 거래량 이동평균선의 역배열 상태에서 당일거래량의 급속한 침체 후에(A)

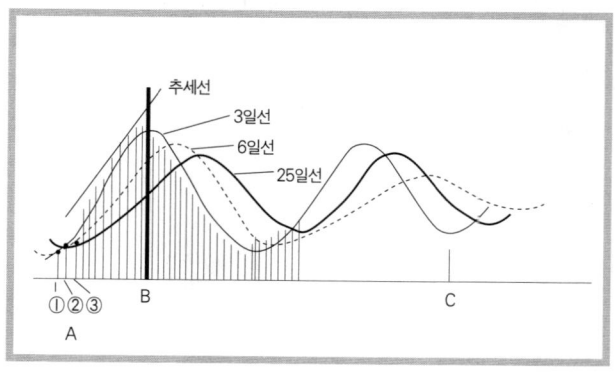

〔그림 2-53〕

3일과 6일 거래량 이동평균선의 G.C 출현(매입준비)

3일과 25일 거래량 이동평균선의 G.C 출현(매입개시)

6일과 25일 거래량 이동평균선의 G.C 출현(매입지속)

• 매도전략(B)

거래량이 상향 추세선을 돌파할 때, 즉 거래천정(매도준비)

거래량이 2-3일 연속 6일 거래량 이동평균선을 하회할 때(매도)

6일 거래량 이동평균선의 하락반전(전량매도)

거래량 지표에 의한 바닥권에서의 매수 전략

거래량 이동평균선의 역배열 상태(25〉6〉3)에서 당일거래량이
빠르게 침체할 때 매입, 거래 급감후 거래량의 증가가 급속도로 이
루어질 경우 매입을 강화한다.

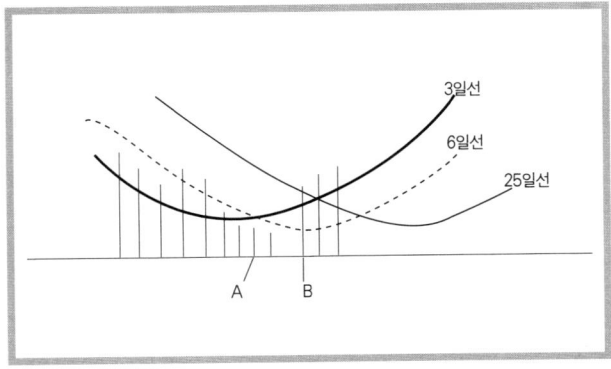

〔그림 2-54〕

거래량 추세선을 이용한 단타매매 전략

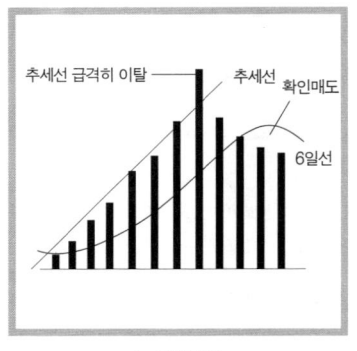

〔그림 2-55〕

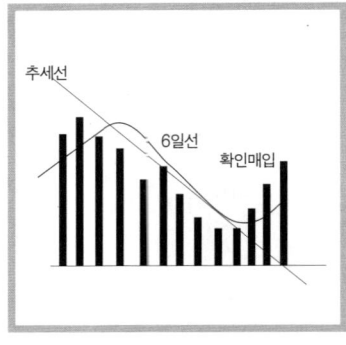

〔그림 2-56〕

① 주가 상승시 거래량 상향 추세선을 당일 거래량이 상향 돌파할 경우 거래천정이 임박해 온 것으로 매도 시작, 이후 거래량이 2~3일 연속 6일 거래량 이동평균선을 내려갈 때 확인 매도한다. (그림 2-55 참조)

② 주가 하락시 거래량 하향 추세선은 당일 거래량이 상향 돌파시(추세선 파괴) 매입 시작, 이후 거래량이 2~3일 연속 6일 거래량 이동평균선을 상회할 때 확인 매입한다. (그림 2-56 참조)

(거래 25 〉6 〉3의 역배열 상태에서 거래량의 급속한 침체 후 거래량 하향추세선 파괴시 신빙성이 높다.)

양대음소(陽大陰小) 원리

양선을 보일 때는 하루의 주가움직임이 상승 Trend를 형성하므로 일반매수세의 가담으로 거래량이 많으며 음선을 보일 때에는

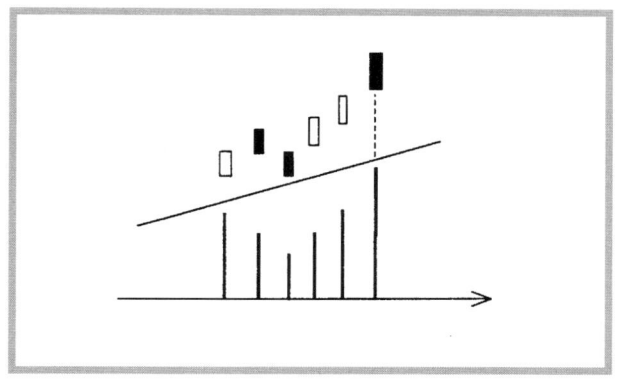

〔그림 2-57〕

일반매수세의 관망으로 거래량이 적은 것이 원칙이다. 만일 주가가 음선을 보이는 데도 불구하고, 거래량이 양선 때의 거래량보다 많다면 이는 주가를 띄워놓고 물량을 쏟아 부은 상황으로 보아야 한다(특히 주가가 갭을 형성한 음선이면서 거래량 급증시는 실세들의 물량 출회임).

투자심리선과 25일 이격도를 이용한 매매전략

투자심리선은 12일 동안의 상승일수를 백분율(%)을 나타낸 것이고, 이격도란 당일의 주가를 당일의 이동평균으로 나눈 백분율이다.

• 매입전략

투자심리선이 25%(상승일 수 3일)이하이고 이격도가 90% 전후 수준에서는 과감한 매수시점(특히 투자심리선 및 이격도가 최저치에서 돌아오는 시점이 확인매수시점)이다.

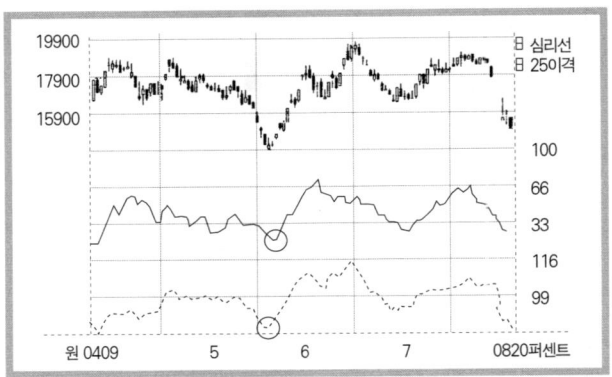

〔그림 2-58〕

• 매도전략

투자심리선 65%(상승일 수 8일) 이상이고 이격도가 110% 전후 수준에서는 과열권으로서 매도 시점이다.

❏ 역시계곡선

역시계곡선이란 주가와 거래량의 상관곡선인데 Y축에 25일 이동평균주가, X축에 25일 이동평균거래량을 나타내어 매일매일의 교차점을 선으로 연결한 곡선을 말한다.

일반적으로 시장인기가 높아 주가가 상승하고 있을 때는 거래량이 많아지고, 반대로 시장이 침체되면 거래량은 극도로 적어진다.

바꾸어 말하면 주가가 상승하기 전에 거래량이 먼저 증가하기 시작하고, 주가가 하락하기에 앞서서 거래량이 먼저 감소하기 시작한다. 일반적으로 차트상에서 시계반대 방향으로 움직이는 경

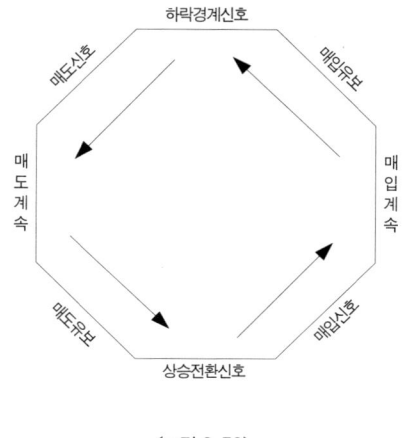

〔그림 2-59〕

우가 많기 때문에 이 지표를 역시계곡선이라 부른다.

● 등락주선 (ADL : Advance Decline Line)

등락주선은 주가가 전체적으로 상승추세에 있는가 아니면 하락추세에 있는가를 판단하는 지표이다. 전일의 종가에 비해 오른 종목수에서 내린 종목수를 뺀 것을 매일 누계해서 그것을 선으로 이어서 작성한 것이다. 등락주선과 주가와는 〔그림 2-60〕의 관계가 있다.

종합주가지수가 상승하고 있는 중이라도 등락주선이 하락하고 있다면 시장은 곧 하락세로 전환하게 된다. 종합주가지수가 하락하고 있을지라도 등락주선이 상승하고 있다면 시장은 곧 상승서로 전환하게 된다. 그러나 등락주선으로 상승 또는 하락의 정확한 타이밍을 맞출 수는 없고 단지 가까운 장래의 상승 또는 하락을 예상할 수 있다.

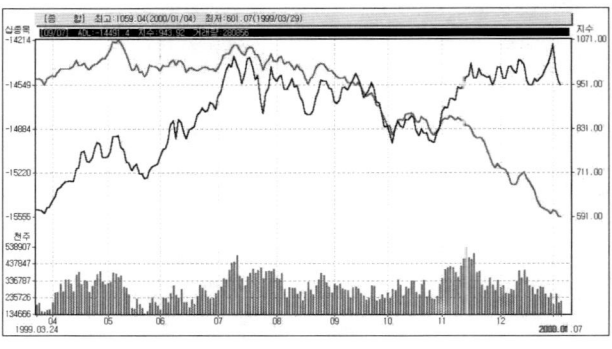

〔그림 2-60〕

◯ 등락비율 (ADR ; Advace Decline Ratio)

등락주선의 보조지표를 뜻한다.

분석대상 기간동안의 상승종목수

분석대상 기간동안의 하락종목수

• 125 % 이상 — 과열, 경계지대 , 매도신호

• 70 - 75% — 침체, 안정지대. 매수신호

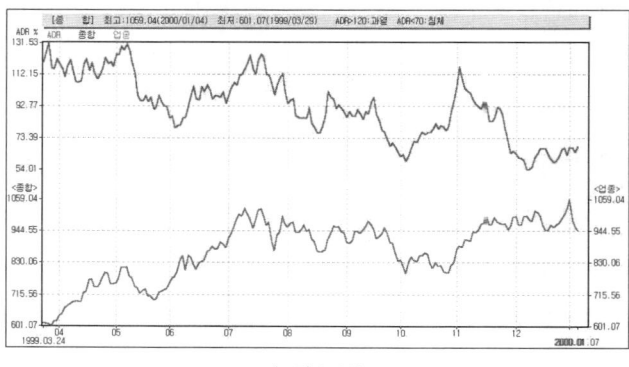

〔그림 2-61〕

유·무상증자와 권리락주가

　기업이 자본금을 늘리는 것은 필요한 자본을 조달하기 위해서다. 대규모 공장과 같은 산업생산설비를 짓기 위해서는 천문학적 숫자의 자금이 필요하기 때문에 회사채를 대규모로 발행하기도 하고 주식시장에서 유상증자를 통하여 조달하기도 한다.

　또한 재무구조의 개선을 위해서 증자를 할 경우도 많은데 IMF 이후 상장기업들은 부채비율을 200%로 낮추기 위해서 유상증자를 통한 자본조달을 경쟁적으로 하고 있는데, 여기에서는 유·무상증자와 권리락기준가에 대해 알아보자.

1. 유상증자의 효과

　기업이 유상증자로 자본을 조달하면 자기자본이 증가되어 부채비율이 낮아질 수 있다. 우리나라 기업들의 부채비율은 선진국에 비해서 매우 높은 편이다.

　정부가 부채비율이 높으면 여러 가지 불이익을 주는 정책을 실시키로 함에 따라 IMF 이후 재무구조를 개선하기 위하여 상장기업들의 유상증자가 봇물처럼 쏟아지고 있다.

　　기업이 유상증자를 하려면 배정기준일과 증자비율 등을 이사회 결의를 통해 공시하는데 권리락은 3일결제기준에 의하여 신주배정기준일 전날에 권리락조치를 취한다. 그러므로 증자를 받거나 안 받으려면 권리락 전일(신주배정기준일 전전일)까지 사거나 파는 결정을 하여야 한다.

　　권리락은 증자비율만큼 그 가치를 낮추어 증자 전이나 증자 후의 기업가치가 같도록 조정하는데 이를 '이론권리락주가' 라고 말한다

　　예를 들어 설명해보자

◯ 권리락

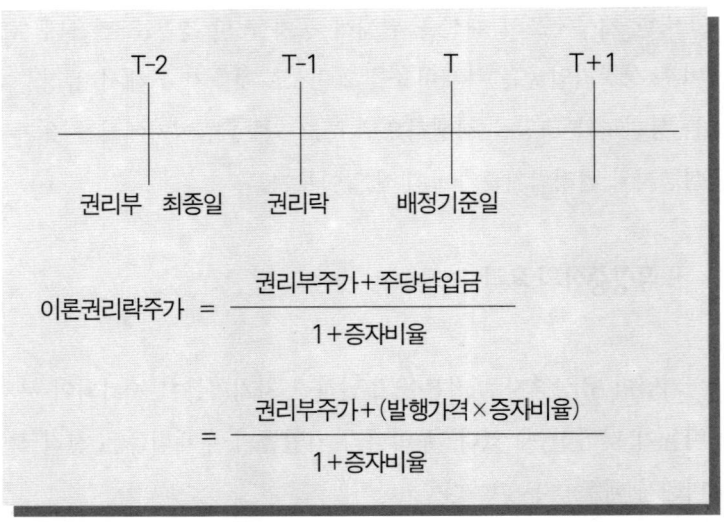

$$\text{이론권리락주가} = \frac{\text{권리부주가} + \text{주당납입금}}{1 + \text{증자비율}}$$

$$= \frac{\text{권리부주가} + (\text{발행가격} \times \text{증자비율})}{1 + \text{증자비율}}$$

　　유상증자를 전액주주에게 배정하고 참여한다면 신주의 발행가가 얼마에 정해지든 관계없이 주주가 갖고 있는 주식의 총가치는

증자전과 증자후 모두 같아져야 한다.

어떤 기업 A의 주가가 현재 25,000원이라고 할 때 주주 B라는 사람이 300주를 가지고 있다고 하자.

유상증자비율이 25%이고 배정기준일이 11월 30일이며 발행가는 10,000원이라고 가정할 경우 주주의 가치는 다음과 같다.

이론권리락주가 = 25,000+(10,000×0.25) /1+0.25 =22,000원

증자 받은 후 주주의 총가치 = 22,000원×375{=300×(1+0.25)}
= 8,250,000원

증자전 총투자금액 = 〔(25,000×300)+@10,000×75〕
=7,500,000+750,000
=8,250,000원으로 같아진다.

투자자 B가 권리락이후 주식 A의 주가가 계속 상승할 것이라는 예상을 한다면 권리락 이후 증자납입을 하면 되고 주가가 하락하여 손실이 예상된다면 기준일 전전일인 11월 28일 이전까지 주식을 매도하면 되는 것이다.

권리를 받았더라도 보유주식을 권리락이후에 팔아도 되며, 유상증자 청약일에 가서 배정주 수만큼 납입여부를 또 결정하여도 된다.

대체로 유상증자는 상승기에는 호재로 작용하여 상승하는 경향이 있으며 하락기에는 증자로 인한 주당가치의 희석과 물량부담 등이 악재로 작용, 하락하는 경향이 있으나 기업에 따라서 일정하

지는 않다. 권리락이후 주가의 향방에 따라서 투자수익이 배가되느냐 아니냐가 결정되므로 당시의 주가전망과 기업의 내용에 따라서 신중히 결정하여야 한다.

그러나 가끔은 기존주주에게 배정하지 않고 제3자에게만 배정하는 경우도 있어 기존주주의 보유가치만 희석되는 불이익을 당하는 경우도 있다.

무상증자는 유상증자와 달리 주주가 돈을 내지 않고 주식수만 늘어나게 되는데 이 경우도 주주의 무상증자 전과 무상증자 후의 주식의 가치는 이론적으로 변화가 없다.

$$무상증자시\ 이론권리락기준가 = \frac{권리부종가}{(1+무상증자비율)}$$

A기업의 권리부주가가 30,000원이고 무상증자 50%를 11월 1일 기준으로 실시한다면 투자자 B가 500주를 갖고 있을 경우,

이론권리락주가는 30,000/(1+0.5)=20,000원이 된다.

투자자 B씨의 무상증자 전과 무상증자 후의 총자산을 비교하면, ①=② 즉 무상증자를 받기 전과 받은 후의 총자산의 변화는 이론

무상증자 전의 총자산 30,000원×500주=15,000,C00원 ······①
무상증자 후의 총자산
    20,000×750[=500×(1+0.5)]=15,000,000원 ····②

적으로 없다.

그러나 무상주식은 일정시점 이후에나 주주에게 돌아오므로 권리락 이후의 주가 움직임이 어떻게 되느냐에 따라서 달라질 수 있으므로 유상증자와 마찬가지로 주가의 전망에 따라서 투자수익이 배가되거나 손실이 커질 수 있는 것이다. 그러므로 주가가 무상권리락 이후와 무상주식이 상장된 이후의 주가전망을 예상하면서 매매의 시기를 결정하여야 한다.

대체로 상승기에는 긍정적인 요인으로 하락기는 부정적인 요인으로 작용하는 경향이 있으나 오랜 시간을 두고 볼 때는 반드시 그러하지만은 않다. 기업의 내재가치와 주가전망에 따른 판단이 더 바람직하다고 할 수 있다.

발행가=발행가 또는 할인율

회사명	구분	발행가	배정기준일	배정률	청약기간	납입일	발행주식수
유한양행	무상보통	5,000	00.01.01	0.10591200			545,883
현대전자	유상보통	17,500	99.11.13	0.39007339	99.12.09-10	12.22	14,500,000
★삼성화재	유상보통	30	99.12.24	0.20453055	00.01.26-27	01.29	10,000,000
제일제당	무상보통	5,000	99.12.31	0.20000000			3,316,744
제일제당	유상우선	5,000	99.12.31	0.20000000	99.12.06-07	12.15	846,306
태평양	유상보통	9,700	99.11.09	0.24150000	99.12.13-14	12.28	139,155
한화	유상보통	6,200	99.11.13	0.83720930			2,250,000
영창악기	무상우선	0	99.12.15	0.14999934			79,024
신원	유상보통	0	99.12.15	0.15019523	99.12.20-21	12.23	1,408,390
신원건설	유상보통	5,000	99.11.25	0.82956860	99.12.06-07	12.21	24,000,000
금호	유상보통	5,000	99.11.05	0.25303777	00.01.24-25	02.08	12,000,000
동양	유상보통	25	99.12.24	0.33854384	99.12.09-10	12.24	16,927,900
SK	유상보통	17,500	99.11.11	0.24373601	99.11.30-01	12.15	26,170,000
한솔제지	유상보통	8,500	99.10.29	0.26767400	99.11.30-01	12.17	11,000,000
신세계	유상우선	44,700	99.11.01	0.17464247	99.12.09-10	12.23	300,000
새한미디어	유상보통	5,000	99.11.12	1.60649940	99.12.02-03	12.16	14,830,268
현대자동차	유상보통	16,600	99.11.08	0.26452736	99.12.02-03	12.16	51,000,000
현대자동차	유상우선	8,000	99.11.08	0.26973614	99.12.02-03	12.20	16,195,608
금강개발	유상보통	9,100	99.11.04	0.16500016	00.01.11-12	01.18	4,594,720
LG투자증권	유상보통	16,300	99.12.10	0.22348500			30,000,000

자료 : 한국증권거래소

회사명	구분	발행가	배정기준일	배정율	청약기간	납입일	발행주수
현대시멘트	유상·보통	9,100	99.11.02	0.56000000	99.12.01.02	12.15	2,520,000
현대시멘트	무상·보통	5,000	99.12.16	0.20000000			1,224,000
진흥금고	유상·보통	7,200	99.11.16	0.40000000	99.12.14.14	12.28	576,560
진흥금고	무상·보통	5,000	99.12.29	0.28347440			490,320
한일이화	무상·보통	500	00.01.01	1.00000000			13,424,650
★ KEP전자	유상·보통	3,370	99.11.12	0.65477387	99.12.04.06	12.18	11,839,322
한미약품	유상·보통	21,850	99.12.14	0.12016300	00.01.11.12	01.27	800,000
★ 영풍정밀	유상·보통	5,000	99.11.01	0.80542180	99.11.30.01	12.16	3,949,451
쌍용양회	유상·보통	5,000	99.11.18	0.38107000	99.12.15.16	12.20	5,520,000
신무림제지	유상·보통	35,900	99.11.08	0.15652173	99.12.03.06	12.21	10,800,000
현대중공업	유상·보통	5,000	99.12.22	0.15151515			10,000,000
현대중공업	유상·보통	5,000	99.12.02	4.65528760	99.12.24.27	12.29	80,000,000
현대강관	유상·보통	7,400	99.11.10	0.33039191	99.12.07.08	12.21	30,000,000
현대상선	유상·보통	5,000	99.11.03	0.72182100	99.12.02.03	12.17	3,000,000
현대건설	유상·보통	7,400	99.11.11	0.39149230	99.12.09.10	12.27	657,146
대창단조	유상·보통	5,000	00.01.06	0.09457241	00.02.10.11	02.17	8,932,280
나중금속	유상·보통	5,000	99.11.19	0.16016000	00.01.06.07	01.21	2,000,000
통일제지	유상·보통	25	99.12.31	0.32000000	00.01.31.01	02.16	1,134,000
★ SJM	무상·보통	5,500	99.12.24	0.31250000			4,000,000
화인케미칼	유상·보통	5,000	99.12.24	0.38888880			1,400,000

자료 : 한국증권거래소

액면분할과 중간배당제도

액면분할이란 납입자본금의 증감없이 기존 발행주식을 일정비율로 분할하여 발행주식 총수를 늘리는 것을 말한다.

현재 5,000원인 일반 주식의 액면분할 가능금액은 100원, 200원, 500원, 1,000원, 2,500원 등 5가지가 있다.

액면분할의 효과로는 해당기업의 주가가 지나치게 높아 둔화된 유동성을 향상시킬 수 있고, 투자자 입장에서는 소액으로 우량주식을 매입할 수 있게 된다. 또한 기업주 입장에서는 주식의 분산효과가 나타나 적대적 M&A에 대항할 수 있는 등 경영권 방어에 일조할 수도 있다.

우리나라의 경우 미래산업이 1998년 3월 액면가 100원으로 액면분할을 시행한 이후 자본금 규모가 적고 고가이면서 거래가 부진한 종목의 액면분할이 지속되어 왔다. 1999년 11월 당시 거래소 시장에서 액면분할을 실시한 기업은 69개사 85개 종목이며, 농심, 에스원, 제일기획 등과 같은 종목이 향후 액면분할을 실시할 가능성이 있는 것으로 예상되고 있다.

뒤 늦게 상법(제329조 제4항)도 개정되었다. 1주의 금액이 5,000원 이상이던 것을 1998년 12월 개정하여 100원 이상으로 인하하고 주식분할제도를 도입하면서 점차 액면을 분할하는 회사가 점차 늘어가고 있다.

코스닥시장 등록 종목들도 유·무상증자와 함께 커다란 주가상승의 재료가 되고 있는데 이는 주식의 유동성을 증진하고 신주발행시 기업자금조달의 편의를 제공하기 위한 것이다. 또한 중간배당제도를 도입하여 적지않은 재료로서의 가치가 반영되고 있다. 이는 주식투자로 인한 투하자본 회수기간을 단축하고 배당수익을 기대하는 건전한 투자관행을 촉진하며 연 2회 배당으로 기업의 이익배당에 대한 현금지출부담을 감소시키는 효과가 있다.

그러나 액면분할 그 자체만으로 주가가 상승하는 경우에는 경계할 필요가 있다.

기업의 가치는 우량하나 그 유동성의 문제해결로 연결될 땐 안정적인 주가가 형성되나 미래전망이 불투명하고 재무상태가 불량한 기업인 경우에는 높게 형성된 주가가 오랫동안 지탱되기 힘들다. 이를 객관적으로 잘 판단할 필요가 있다.

즉, 액면이 500원으로 분할된 경우는 10배를, 1,000원인 경우는 5배를, 2,500원인 경우는 2배를, 200원인 경우는 25배를, 100원인 경우는 50배를 해서 기업의 가치와 전망을 비교해서 적정한 주가인가를 따져 볼 필요가 있다.

[액면분할 실시 기업 가격별 종목리스트]

종목	액면가	현재가	대비	매도	매수	거래량	시가	고가	저가
★한국타이어	500	3,290	◀			2,916,830			
★삼성화재	500	42,300	↑	—	42,300	744,790			
★삼성화재우	500	25,850	↑	—	25,850	70,470			
★SK증권	2,500	5,120	◀			955,860			
★SK증권우	2,500	4,075	◀		4,490	67,750			
대성아	500	4,500	◀		4,490	6,304,040			
★대성아	500	2,535	▶			265,610			
대성2우B	500	2,600	▶			192,200			
★LG화재	500	5,230	↑	—	5,230	828,060			
★삼성영의품	500	2,385	▶			68,070			
★부광약품	500	4,910	▶			281,760			
★해인	500	2,040	◀	2,040	2,025	118,790			2000
★대웅제약	2,500	12,200	◀		12,150	1,503,090			
★디아이	500	4,170	▶			620,820			
★한국화장품	500	1,730	▶	1,750	1,730	227,450	1,770	1,885	1725
★진아	2,500	2,120	◀			4,790			
★신흥	500	5,030	◀	5,030	5,020	63,820	5,000	5,200	5000
★대덕산업우	500	10,100	—	10,150	10,100	158,630	10,300	10,600	10100
★대덕산업2우	500	5,150	◀			26,260			
대덕산업2우B	500	10,150	▶	10,600	10,150	6,040	11,000	11,000	10050

자료 : 한국증권거래소

종목	액면가	현재가	대비	매도	매수	거래량	시가	고가	저가
★ 덕성화학	500	2,780	◀	2,830	2,780	289,320			2,770
★ 덕성화학우	500	1,530	◀			29,210			
덕성화학2우B	500	4,100	▶			9,970			
★ 신라교역	500	3,370	◀			61,690			
★ 삼영전자	500	9,020	▶			90,770			
★ 동부화재	500	4,040	↑	–	4,040	752,080			
★ 비티아이	500	2,200	◀			1,847,940			
★ 셈표식품	1,000	6,550	◀	6,590	6,500	14,560	6,500	6,900	6,110
★ 신도전기	500	3,760	▶			193,430			
★ 흥창	500	6,660	◀			1,993,660			
★ 코리아써키트	500	9,400	◀			236,350			
★ 코리아써우	500	4,030	▶			24,990			
★ 한일이화	500	4,150	▶			97,550			
★ 신촌사료	500	1,590	⅃	–		653,850			
★ 대덕전자	500	12,850	–	12,850	12,800	355,510	12,900	13,150	12,500
★ 문배철강	2,500	4,600	◀			32,510			
★ KEP전자	500	1,880	▶			871,940			
★ 서흥캅셀	1,000	13,100	◀			17,110			
★ 울촌화학	500	3,870	◀			439,640			
★ 한미약품	2,500	15,200	▶			676,900			

주식관련사채

1. 전환사채

전환사채(轉換社債)는 채권의 형태로 존재하나 주식으로 전환할 수 있는 회사채로서 채권으로 있을 때는 일정한 금리의 이자를 안정적으로 취하다가 주가 상승으로 차익이 예상될 때에는 주식으로 전환하여 유통시장에 매각하면 높은 시세차익이 동반되는 대표적인 주식관련 사채이다.

이를 Convertible Bond, 보통 C.B 라고 많이 부르고 있다. C.B 는 국내에서 발행하면 국내전환사채(국내 C.B) 해외에서 발행하면 해외전환사채(해외 C.B)라고 구분하여 부르고 있다.

C.B는 표면이율과 만기 이자율이 있는데 최근 삼성전자가 공시한 전환사채의 발행내역을 알아보자.

삼성전자(주) 제 167회 해외전환사채발행 결의(99.10.12)

① 사채의 종류 : 무보증 사모 해외전환사채

② 사채의 권면총액 : 미화 2억불(US$ 200,000,000)

③ 자금조달의 목적 : 시설투자자금외

④ 사채의 이율 : 연 2%(만기수익률 5%)

⑤ 이자지급방법 : 매년 1회 후급

⑥ 원금상환방법 : 2003년 1월중 만기일에 일시상환

⑦ 전환에 관한 사항 : 본 사채는 사채권자의 청구에 의하여 다음 각호의
　　조건에 따라 주식으로 전환할 수 있음

• 전환비율 : 발행 액면금액의 100%

• 전환가격 : 260,000원

• 전환가격의 조정 : 추후 유 · 무상증자, 주식배당, 주식의 분할 또는 병
　합 등으로 인하여 전환가격이 조정될 수 있음

• 전환에 따라 발행할 주식의 종류 : 기명식 보통주식 또는 D,R

• 전환청구기간 : 2000.10.15부터 2003.1.16까지

⑧ 청약예정일 : 1999.10.15

　위와 같이 발행조건 및 전환청구가격 그리고 전환기간이 명시되어 있어 투자자는 일정기간 후 유리한 쪽으로 취사선택할 수 있다. 즉 전환으로 인한 차익이 유리하면 전환하여 매각할 것이고 시장가격을 하회하면 채권으로 만기까지 보관하여 원리금을 받을 수 있는 것이다 .

　다음은 발행된 전환사채가 주식으로 전환된 공시 예를 알아보자.

㈜영원무역 보통주 (추가)상장(99.11.16)

① 주식의 종류와 수 : 기명식 보통주식 51,410주(제18회)
② 1주의 발행가액 : 3,000원(액면가:500원)
③ 발행일 : 1999.11.15
④ 배당기산일 : 1999.01.01(결산일:12월말)
⑤ 증자방법 : 국내전환사채 주식전환
⑥ 시장소속부 : 제1부
⑦ 상장일 : 1999.11.19

ㄹ. 신주인수권부사채(B.W)

　신주인수권부사채(Bond with warrant)는 채권으로 발행되어지지만 전환사채와 달리 기업의 신주발행시 그 신주를 발행할 수 있는 권리가 있는 채권이다.
　발행금액마다 몇 주씩의 인수권이 부여되어 있어서 채권은 채권대로 보유하면서 기업이 증자를 할 때 증자에 참여해 시세차익을 볼 수 있는 형태로 발행기업들이 전례없이 많이 늘고 있는 추세이다.

(주)조흥은행 신주인수권부사채 발행결의(99.11.02)(18:59)

① 사채의 종류 : 제4회 무기명식 이권부 무보증 분리형 신주인수권부사채

② 사채의 권면총액 : 5,500억원

③ 자금조달의 목적 : 운영자금

④ 사채의 액면가액 : 10,000원

⑤ 사채의 발행가액 : 각 사채의 권면금액의 100%에 해당하는 금액

⑥ 사채의 만기 : 3년

⑦ 사채의 이율 : 연10%

⑧ 이자지급방식 : 사채발행 익일로부터 매 3개월 후급

⑨ 원금상환방법 : 만기일시상환

⑩ 조기상환선택권 : 발행자와 사채권자는 발행일로부터 1년이 되는 날부터 매월 일정기간 동안 조기상환을 청구할 수 있음. 단, 최종 조기상환청구일은 2002년 9월 말일로 한다.

⑪ 청약기간
- 우리사주조합 : 1999.11.17(1일간)
- 일반공모 : 1999.11.17~1999.11.18 (2일간)

⑫ 납입일 : 1999.11.22

⑬ 사채인수청약처 : 대우증권(주) 본·지점

⑭ 사채인수금액납입처 : (주)조흥은행 영업부

⑮ 신주인수권행사에 관한 사항
- 행사비율 : 100%임. 각 사채권면금액(2이상의 사채권으로 신주인수권 행사시에는 그 권면금액의 합산금액)을 신주인수권 행사가격으로 나눈 주식수를 행사주식수로 하고 1주 미만의 단수주는 인정하지 아니한다.

  단, 사채 권면금액의 일부에 해당하는 금액에 대해 신주인수권의 행사

는 할 수 없다.

- 행사가격 : 상장법인의 재무관리 등에 관한 규정에 의하여 본 사채 발행을 위한 이사회결의일 전일을 기산일로 하여 한국증권거래소시장에서 성립된 보통주의 종가를 거래량으로 가중평균한 1개월, 1주일 및 최근일 종가를 산술평균한 가액과 최근일 종가중 높은 가액으로 한다. 단, 청약일 3거래일 전의 종가가 그 가액을 상회하는 경우 행사가격은 3거래일 전의 종가로 한다.
- 행사가격의 조정 : 유상증자, 주식배당, 준비금의 자본전입, 합병, 자본의 감소, 주식분할 및 병합 등으로 행사가격의 조정이 필요한 경우에는 주간사와 협의하여 조정한다.
- 발행할 주식의 종류 : 기명식 보통주
- 신주납입방법 : 신주인수권 행사시 현금납입
- 신주인수권 행사시 주금납입처 : (주)조흥은행 영업부
- 신주인수권 행사기간 : 사채발행일 이후 3개월이 경과한 날부터 만기 1개월 전일까지
- 발행될 주식의 최초배당금 지급방법 : 신주인수권 행사일이 속하는 영업연도의 직전 영업연도말에 발행된 것으로 본다.

⑯ 주간사회사 : 대우증권(주)

⑰ 이사회결의일 : 1999.11.2 (사외이사 5명중 3명 참석)

⑱ 기타

- 신주인수권증권 발행 : 분리형으로서 신주인수권증권은 신주인수권 권리자의 요청에 의해 실물로 발행할 수 있다.
- 상기 내용은 관계기관과의 협의과정에서 변경될 수 있다.

3. 교환사채(E.B)

교환사채는 일종의 회사채로서 사채권소지자에게 소정기간 내에 사전에 합의된 조건으로 발행회사의 주식이 아니라 자회사 또는 제3사의 주식으로 전환되는 점이 차이가 있다.

당해 법인이 소유하고 있는 상장유가증권으로 교환을 청구할 수 있는 권리가 부여된 사채이다. 교환권 청구시 추가적인 자금부담이 없다는 점과 자본금의 증가가 수반되지 않는다는 점에서 신주인수권과 다르다.

당시 교환의 대상인 한국이동통신(현 SK텔레콤)의 주가가 강세여서 교환사채발행은 성공적으로 이루어져, 영원무역으로서는 초저리의 자금을 조달할 수 있었고 교환사채소유자는 주가차익을 얻을 수 있었을 것이다.

4. 예탁증서(D.R)

예탁증서란 국내주식을 해외증권시장에서 발행하기 위하여 해당 증권이 해외유통시장에서 유통되기 편리하게 하고자 발행하는 대체증권이다.

즉 국내증권 그대로 해외증권시장에 상장할 경우 법률, 제도, 세금 등의 복잡한 문제가 제기 되어 원활한 유통이 불가능하므로 원주식을 예탁하고 이를 담보로 하여 수탁회사가 예탁증서를 발행, 배당금, 유·무상증자, 매매대금결제 등을 처리하여 원활하게 매

영원무역(주) 교환사채발행결의 (96.4.12)

① 사채에 관한 사항
- 사채의종류 : 무기명식 교환사채
- 권면총액 : 53억원
- 이 율 : 연 0%(만기시 보장수익률 : 연복리 1%)
- 원금상환방법 : 99. 4. 22 원금의 103.03%를 일시상환
② 교환주식에 관한 사항
- 한국이동통신(주) 주식 소유현황 : 기명식 보통주식 7,530주
- 1주당 장부가액 : 639,925.63원
다. 교환대상주식수 : 7,530주
③ 교환에 관한 사항
- 교환비율 : 100%
- 교환가격 : 703,851원(상장법인 재무관리규정 제16조의 3에 의거 산출된 기준주가 643,798원의 109.33% 할증률 적용)
- 교환가격의 조정 : 교환대상주식 발행회사가 사채권자의 교환청구 전에 당초의 교환가액을 하회하는 발행가액으로 유상증자 주식배당, 준비금의 자본전입 등을 함으로써 주식을 발행하는 경우에는 교환가격을 조정할 수 있다.
- 교환청구에 따라 교환할 주식의 종류 : 한국이동통신(주) 기명식 보통주식
- 교환으로 배정된 주식의 최초 배당금 지급방법: 교환된 주식에 대한 이익이나 배당에 관하여는 교환을 청구한 때가 속하는 사업연도부터 배당의 효력을 가진다.(배당기산일은 1월1일) 단 교환된 사채원금에 대한 해당기간 이자는 지급하지 아니한다.
④ 청약예정일 : 96. 4. 22
⑤ 주간사회사 : 동아증권(주)
⑥ 이사회결의일 : 96. 4. 9
⑦ 기타 : 상기사항 이외의 사채발행에 필요한 사항은 대표이사 사장이 결정하여 처리한다.

매할 수 있도록 하는 증권이다.

　발행회사가 미국시장에 발행하면 ADR, 유럽시장에서는 EDR, 런던시장은 LDR이라고 말한다.

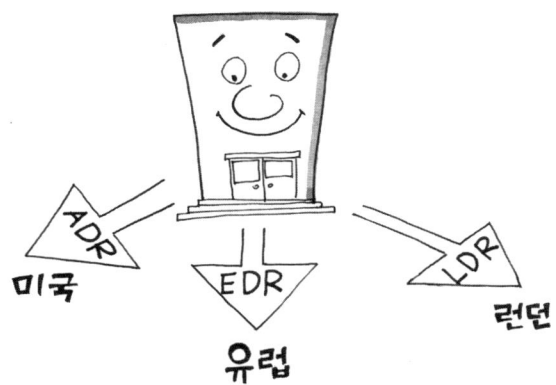

주식의 종류

1. 보통주와 우선주의 차이

　주식의 종류에는 보통주(普通株)와 우선주(優先株)로 크게 나눌 수 있는데 대체로 우리가 거래하는 주식들은 보통주이다.

　보통주는 채권자나 우선주주(優先株主)와는 달리 자기가 소유하고 있는 지분에 대한 권리를 행사할 수 있으며 회사정리시 잔여재산처분의 최종적인 참여자가 된다.

　반면 우선주는 의결권이 없으나 기업을 청산할 경우 우선주주의 청구권은 채권자보다는 그 순위가 낮으나 보통주보다는 그 순위가 앞선다.

　배당에 있어서는 보통주보다 1% 정도의 고정적인 배당을 더 하는 차이가 있다.

　우선주에 대한 누적적 배당을 행하는 것을 정해 놓은 누적적(累積的) 우선주는 우선주에 대한 확정배당률만큼 배당을 하지 못했을 때에는 다음 회계연도에 누적적으로 지급하도록 되었다. 이러한 누적적인 조건없이 발행되는 우선주가 비누적적(非累積的) 우선주이다.

1989년도부터 상장기업들의 우선주 발행물량이 급증하게 되었다. 1990년대에 와서 M&A(기업인수 · 합병)에 대한 개념이 서서히 확산되면서 의결권이 없는 우선주의 대폭락 사태가 반복되었다.

ㄹ. 신형전환우선주

이러한 우선주의 폐해를 막기 위해 일정기간이 경과하면 보통주로 전환되는 전환우선주가 발행되기 시작하였다. 기존 우선주가 영원한 우선주라면 신형전환우선주)는 일정기간(3, 5, 7, 10년)후 전환사채와 마찬가지로 보통주로 전환되며 발행당시 일정비율의 확정 배당률(회사마다 다름)이 명시되어 있다.

3년이나 5년, 7년까지는 우선주로 존재하면서 확정배당을 받게 되다가 기간이 지나게 되면 보통주로 바뀌는 한시적인 전환우선주(Convertible preferred stock)인 것이다.

 종합주가지수가 조정기에 들어간 1999년 여름 상승의 근거가 희박한 이 신형우선주의 바람이 거세게 불자 보통주의 몇 배에 해당하는 과도한 주가를 형성하기도 했으나 감리규정을 강화하면서 급살을 맞고 말았다. 항상 큰 시세는 남이 쳐다보지 못한 곳에서 탄생하곤 한다.

주1) 신형우선주 : 주주에게 연간 일정비율의 배당을 주도록 확정되어 있으며 일정한 기간이 경과하면 보통주로의 전환이 발행당시부터 명시된 기한부 우선주. 보통주 배당률보다 1%의 배당을 더 주는 우선주가 투자자들의 외면을 받자 상장사들로 하여금 우선주를 발행할 필요가 있을 때는 이 같은 신형우선주를 발행할 수 있도록 하고 있다.

주2) 투자회사부 : 99.10.1 현재 13개 회사 13개 종목 16,539,377천주가 상장되어 있으며 자본금 총계 1조 9067억, 시가총액으로는 1,886,885백만원이다.

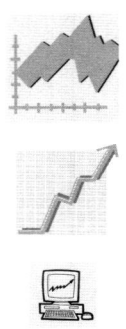

제3장
코스닥증권시장

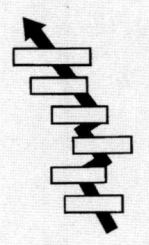

 코스닥시장

1. 종합주가지수 대비 코스닥 지수 추이

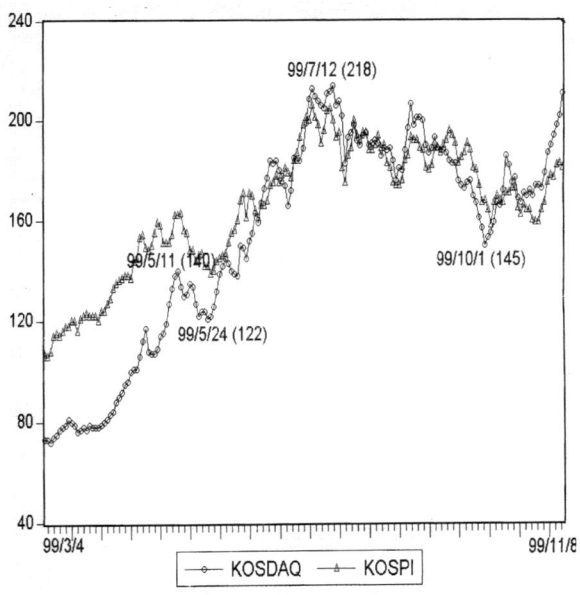

☞ 99.3 벤처활성화 방안

☞ 99.5 코스닥시장 활성화 및 법인세 유보

☞ 99.10 각 증권사 코스닥증거금률 인하 및 11월1일부터 3호가 및 회원사별매매
　　현황 공개

2. 코스닥시장

❑개념

　유망벤처기업 및 중소기업의 직접 자금조달을 지원하기 위해 새롭게 탄생한 유가증권시장, 규모는 작지만 성장잠재력이 우수한 기업들이 모여 있는 시장, 미국의 나스닥시장을 벤치마킹(모방)하여 설립된 지식기반 중소ㆍ벤처기업을 위한 증권시장이다.

❑기능

　유망벤처ㆍ중소기업인들에게는 발행주식에 대하여 주식의 환금성을 부여하는 한편 공모를 통하여 직접금융을 조달할 수 있도록 지원, 투자자에게는 기존의 상장주식외에 비상장 유망기업의 주식을 거래할 수 있는 새로운 투자수단 제공, 벤처캐피탈에게는 벤처기업에 투자한 자금을 회수함과 아울러 새로운 유망기업을 발굴지원할 자금조성수단 제공 역할을 한다.

❑발전과정

　주식장외시장 조직화(1987.4.1) → 주식장외거래실 운영(1991.10.1) → (주)코스닥증권시장 설립 → 코스닥시장 개설(1996.7.1) → 코스닥시장주가지수발표(1997.1.3) → 코스닥시장 법

제화(1997.4.1) → 코스닥위원회 신설(1998.10.12)

❏ 1999년 코스닥시장의 특징 및 현황

1999년 코스닥종합지수는 1998년도와는 판이하게 다른 급급한 상승세를 실현하였으며 특히 벤처지수에 있어서는 나스닥지수와 밀접한 연관관계를 보이며 연동되었다. 이는 미국 나스닥지수의 사상최고치 경신의 영향이 국내 코스닥 벤처지수에 시발점적인 영향을 미친 효과로 풀이될 수 있으며 특히나 1998년 10월 이후 이러한 동조화 현상은 더욱 밀접한 (+)의 상관관계를 보였다.

이는 코스닥시장의 벤치마킹대상이 나스닥시장이었고 투자자들의 심리적 의사결정의 지표로 작용할 수 있는 뚜렷한 대상이 없었기 때문에 나스닥의 선행성은 충분한 투자선행 지표로서의 역할을 하였다. 또한 궁극적으로도 나스닥처럼 코스닥시장도 거래소시장과 경쟁할 수 있는 독립된 시장을 지향하고 있다는 향후 성장가능성의 확신은 안정된 투자대상을 제공하기에 충분하였다.

세계금융시장의 동조화 및 미국 나스닥시장을 중심으로 시작된 세계적인 인터넷주 및 하이테크주 열풍과 한국정부의 벤처활성화 방안(1999.3), 코스닥시장 활성화 및 법인세 유보(1999.5), 각 증권사 코스닥증거금률 인하(1999.10) 및 11월1일부터 제공된 거래가격의 3호가 및 회원사별 매매현황 공개 등을 계기로 코스닥시장은 추가적인 상승을 기록하며 사상최고치를 경신하는 강한 상승세를 나타내었다.

　　하지만 너무나 가파르게 상승행진을 벌여온 무차별적인 '묻지마투자'의 행태와 코스닥시장의 전산시스템 확충미미로 인한 '장님투자' 및 잘못된 정보에 이끌려 '뇌동매매' 하는 투자행태에서 벗어나 이미 철저한 종목별 분석에 근거한 성장가능성이 우수한 기업에 투자하는 '성장우량 종목별 대응전략'의 시점에　돌입한 것으로 생각된다.

　❏ 1999년 상승을 주도한 테마별 흐름

　　1999년 5월초 코스닥시장의 상승을 촉발한 인터넷 · 정보통신주(골드뱅크 · 한국정보통신 · 디지털 조선 · 한글과 컴퓨터 · 대신정보통신 · 한국디지털라인 등), 시스템통합 및 네트워크 통합솔루션주(인성정보 · 테라 등), 인터넷포털업체(인터파크 등), 기술력보유주(터보테크 · 휴맥스 · 에이스테크놀러지 · 필코전자 · 비트컴퓨터 · 모아텍 · 자네트시스템 · 스탠더드텔레콤 등), 외자유치주(데코 · 카스 · 대하패션 · 터보테크 · 케이디씨정보통신), 액면분할주, 유 · 무상증자주(특히 대폭 할증된 발행가 적용시) 등이 장을 주도해 왔으며, 최근에는 한국통신프리텔, 한솔 PCS, 한국통신하이텔 등을 포함한 우량기업들이 신규 등록되며 연말의 장을 주도해 왔다.

　　이제는 이러한 우량업체들의 등록으로 인해서 코스닥시장이 명실상부한 한국내 제2의 거래시장으로 거듭나게 되었다.

❏ 코스닥시장 등록법인 현황

구분		96	97	98	99.6월말	99.12.28일
등록법인 (벤처)	연·월말	331(53)	359(86)	331(114)	345(114)	453(173) 474(종목수)
	신규등록	31(14)	83(42)	8(4)	28(1)	-
	등록취소	39(9)	55(8)	36(2)	14(3)	-
자본금		3,101,801	3,494,747	5,407,811	7,387,262	13,061,528
시가총액		7,606,110	7,068,549	7,892,244	25,482,172	106,280,524

❏ 주식거래실적

(단위: 천주, 백만원)

구분	99.12.28		1999년 누계			
	거래량	거래대금	거래량		거러량	
			누계	일평균	누계	일평균
벤 처	68,113	1,466,621	6,064,157	24,354.0	73,521,867	295,268.5
일 반	39,756	862,125	2,574,330	10,338.7	33,055,226	132,751.9
투자회사	668	4,451	35,908	164.0	230,793	1,053.9
합 계	108,537	2,333,197	8,674,396	34,856.7	106,807,886	429,074.3

 ❏ 코스닥시장과 거래소시장 비교

구분	코스닥시장	거래소시장
매매시간	동시호가 08:00~09:00 단일장 09:00~15:00 (*점심시간 12:00~13:00 매매지속)	동시호가 08:00~09:00 전장 09:00~12:00, 후장 13:00~15:00 시간외 15:00~15:30
수량단위	1주	10주
매매방법	대량매매, 시간외매매, 시장가 주문, 신용거래 등 불가	동시호가매매 및 접속매매
가격제한폭	12%	15%
위탁수수료	증권회사 자율	좌동
위탁증거금	증권회사 자율 (○○증권:현금50%, 대용50%)	좌동 (○○증권: 현금20%, 대용20%)
신용거래	불허	가능
증권거래세	농특세 없이 0.3%	농특세 0.15% + 거래세 0.15%

❏ 감리종목 지정제도

◉ 지정요건 및 조치

최근 6일간 주가상승률이 65% 이상인 경우가 연속하여 3일간 계속되고 제3일째되는 날의 종가가 최근 30일중 최고가주인 종목으로 별도의 조치는 없다.

● 지정해제

감리종목 지정일로부터 기산하여 2일이 경과하면 자동 해저된
다.

● 감리지정 우려종목 공표제도

최고 6일간 주가상승률이 65% 이상인 종목에 대해서 감리지정
우려종목으로 공표한다.

□ 투자유의 종목제도

● 지정사유

① 거래실적이 부진한 경우(월간 1,000주 미만)

② 주식분산기준에 미달하는 경우(소액주주 지분율 20% 미만+
소액주주 100인 미만)

③ 재무제표 감사인의 감사의견이 부적정 또는 의견거절의 경우

④ 주된 영업활동이 정지된 경우

⑤ 고의·중과실 또는 상습적 불성실공시의 경우

⑥ 사업보고서 및 반기보고서를 기한내 제출하지 아니한 경우

⑦ 사유발생일로부터 3개월 이내 등록종목 딜러를 변경하지 아
니한 경우 등

● 제재

① 투자유의 종목 지정사실을 전산 및 코스닥 시장지에 공표

② 위탁증거금용 대용증권 지정시 제외
③ 등록취소 사유에 해당되는 경우는 등록의 취소 가능

3. 성장주 돌풍의 근원지는 미국 나스닥(하이테크주)의 폭등

❑ 나스닥이란

나스닥(National Association of Securities Dealers Automated Quotation)은 1971년 미국 증권딜러협회가 장외주식 거래를 위해 만든 시장으로 전자호가시스템을 상징하는 'NASDAQ'으로 표기되었으며, 설립초기에는 거래소에 상장되지 않은 종목의 거래를 알리는 호가시스템에 불과했으나 빠른 성장세로 거래량 면에서 뉴욕증권거래소를 추월했으며 거래대금도 뉴욕증시에 육박하고 있다.

나스닥은 기반을 갖춘 기업들이 등록하는 내셔널마켓과 일반적으로 신규 설립된 소기업이 등록하는 스몰캡의 두가지 시장이 있는데 시가총액은 현재 3조 8천여억원 수준이며 전 산업분야를 망라하는 다양한 기업들이 상장되어 있다. 그중에서도 마이크로소프트·인텔·애플사 등 정보통신·텔레커뮤니케이션·제약·생명공학과 같은 첨단 산업분야의 기업이 차지하는 비중이 크다.

※ 최근에는 나스닥시장과 국내 코스닥시장이 같이 연계해서 움직이는 동조화 현상이 강한 현상을 보이고 있다.

❑나스닥 현황 및 향후 전망

1999년 나스닥 수는 4,041.47포인트로 장을 마감하여 4,000포인트 고지에 안착하는 상승세로 한 해를 마감하였다. 나스닥은 지난 1999년 11월 2일 3,000포인트를 돌파한데 이어 불과 8주만에 4,000포인트를 넘어섬으로써 1,000포인트 상승기간을 이전의 15개월에서 2개월로 단축하였으며 1999년 들어 84%의 상승률을 기록해 1915년 다우지수가 수립한 81.49%를 추월하며 미국 증시사상 최고의 연간 상승률 기록을 세웠다.

한편 1971년 2월 출범한 나스닥은 지난 28년간 30배를 넘는 상승률을 기록한 반면, S&P 500과 다우지수는 각각 14배, 12배 상승에 그쳤다.

나스닥의 상승은 이미 1995년부터 시작되었으나 1997년 이후 본격적인 차별화 된 상승세에 돌입하였으며, 세계증시 또한 미국 첨단주의 상승을 필두로 전 세계 첨단 하이테크 및 정보통신주들의 상승이 증시를 견인한 해로 기록되었다.

이는 새로운 세기가 펼쳐질 것으로 예상되는 새로운 21C 뉴 밀레니엄 시대의 첨단생활에 대한 기대감 반영의 효과로 풀이 될 수 있으며, 더불어 현 첨단산업의 거품 논쟁에도 불구하고 '고성장 저물가' 현상으로 장기호황을 지속하고 있는 미국의 'NEW ECONOMY'의 원동력인 정보통신 및 하이테크산업이 향후에도 밀레니엄 시대를 이끌어 갈 것이라는 것에 대해서는 반론의 여지가 없을 듯하다.

 ❏ 현 미국의 정보통신 및 하이테크주 PER 현황

YAHOO(1,677배), QUALCOMM(450배), AOL(380배), PHOENIX(229배) Cisco(170배), VTSS(125배), ORCL(109배), Microsoft(80배), Dell computer(70배), Lucent(60배), CORL(41 배) 등

❏ 순이익(Net Income) 증가율 (S&P 및 나스닥의 비교)

	Net Income 증가율				PER	PEG7
	지난 5개년	1999년(E)	2000년(E)	향후 5개년(E)		
나스닥	20.0%	11.4%	27.8%	30.4%	102.8%	9.02%
S&P 500	10.3%	12.2%	11.6%	12.5%	28.5%	2.35%

※ 위의 도표안의 수치에서 나타나듯이 향후 순이익 및 PEG 증가율에서 하이 테크 기업이 속해 있는 나스닥이 S&P 500 전체 기업의 성장성을 훨씬 능 가할 것으로 전망·예측되고 있다.

ㄴ. 2000년 코스닥시장 전망 및 투자전략

❏ 코스닥시장 전망

최근 진행되고 있는 첨단기술주의 상승세(인터넷업종 : 1999년 초대비 900% 성장, 정보통신업종 : 1999년 초대비 350% 상승, 디

지털업종 : 1999년초 대비 190%)는 올 2000년에도 계속 이어질 것으로 예상되나, 전년도와 같은 무차별적인 상승세는 더 이상 기대하기 힘들 것으로 보인다.

나아가 시장의 선두적 위치를 점유하였거나 시장에 강한 영향력을 미칠 수 있는 기업의 경우는 2위와의 주가 갭을 더욱 확대시키며, 추가적인 상승세를 유지할 것으로 보인다.

※ 과거 한국주식시장에 큰 영향을 미쳤던 선거효과는 2000년 코스닥시장에도 긍정적인 영향을 미칠 것으로 전망된다.

한편 정부의 벤처기업 육성책의 일환인 코스닥시장에 대한 관심으로 인하여 1999년 하반기에 100여개의 신규기업들이 등록하였으며, 올해에도 신규 등록하려는 기업들이 더욱 증가하여 올 코스닥시장의 종목수는 650여개를 상회 할 것으로 전망된다. 따라서 앞으로 신규 등록되는 종목에 다한 꾸준한 관심제고가 유효할 것으로 판단되며 더불어 전산시스템의 확충 및 제도정비로 인하여 제2거래시장을 뛰어 넘어 명실상부한 독립된 거대시장으로 거듭날 것으로 전망되는 코스닥시장에 대한 투자메리트는 향후 한층 더 증가할 것으로 기대된다.

❏ 2000년 코스닥시장 제도 변경계획

1/4분기	2/4분기	3/4분기	4/4분기
가격제한폭 확대 (12% → 15%) 호가수량단위학대 (1주 → 10주) 관리종목신설 코스닥위원회 개편 주식분산비율 확대 (20% → 30%)	부실기업퇴출 분기보고서 제도 시행 전산용량 확충 (1백만건 → 5백만건)	가격제한폭 추가확대검토 결제기일 단축 (T +2일 → T +1일) 서킷브레이커 도입	거래시간확대 검토 휴장일 매매 검토 시간외 매매제도 검토

(자료: 증권업협회)

❏ 2000년 코스닥시장 투자전략

　과거 우리 증시의 투자 패턴이 초단기 투자였던 것은 증시의 장기전망이 불확실했기 때문이며 현재 코스닥시장의 투자 패턴 또한 1주일 이하는 단기, 1달 이하는 중기, 1달 이상은 장기로 간주되는 투기장으로 변질되는 듯한 양상을 보여 왔다.

　그러나 향후 코스닥 및 첨단 주식의 장기전망이 긍정적일 것으로 전망됨에 따라 투자 패턴은 점차 초단기를 벗어나 중장기 및 성장성에 초점을 맞춘 '성장성 펀더멘틀주'에 관심이 제고될 것으로 판단된다.

　그러나 저가의 수수료를 부과하는 인터넷매매의 급성장 및 약정실적을 목표로 한 영업직원들의 초단타 매매로 인한 장의 순간적인 폭락현상은 코스닥시장의 흐름에 단기간의 부정적인 왜곡을 일으킬 것으로 예상되기 때문에, 목표수익률대를 미리 정한 후 철저한 리스크관리에 주력해야 할 것이다. 하지만 순간적인 장의 폭락현상이 발생할 때 단기간의 급급한 손절매 보다는 고수익을 위해서 최소한 1개월 이상의 보유 매매패턴을 유지하는 것이 필요할 것으로 판단되며, 이는 코스닥시장의 특성상 아직은 해소되고 있지 않은 '순간적인 유동성의 위기문제' 발생에 대한 효과적인 투자방법이 될 것이다.

즉 올 1/4분기에 확대되는 상·하한가 가격제한변동폭으로 인하여 더욱 더 위험성이 증가됨에 따라 단기적인 손실 회피에 급급할 때 고수익의 획득보다는 '추격매수·추격매도'로 인한 '수익률의 손실효과'를 가져오게 될 것이다.

결론적으로 2등주가 아닌 '철저한 주도주 잡기'에 임하는 것이 향후 고수익을 가져다 줄 것으로 보인다.

 ❑ 2000년 주요 경제&금융 예정 캘린더

	1/4분기	2/4분기	3/4분기	4/4분기
주요 예정 내용	• 통합방송법 실시 • 대우채권 환매 (2월8일) • 美 금리인상 가능성 • IMT-2000 국내표준 설정 • 우리사주 의무기간 예탁기간 경과시 매매가능 • 사업보고서 분기제출 • Window 2000 국내출시 • 한국형 전자화폐 도입 • 코스닥시장 제도정비 및 전산매매시스템 확충	• 16대 총선(4월13일) • OPEC 감산 해제 가능성 • 대만 MSCI 비중확대 (5월31일, 50%→65%) • 채안기금 해체 • 위성방송사업자 컨소시엄 구성지침 • IMT 2000 사업자 선정방식 결정(6월말)	• 채권시가평가제(7월1일) • 투신사 민영화 등 금융기관 제2의 구조조정 본격시행 • 의약분업 실시 (7월1일) • 위성방송 프로그램 사업자 선정 • MS, 인터넷포털사업 강화방안 발표 예정	• 美 대통령 선거 (12월) • 대만 MSCI 비중확대(11월 30일, 65%→85%) • 단일 위성방송 사업자 선정 • 예금전액보장 종료 • 금융종합과세 실시 영향 (2001년 1월) • IMT 2000 사업자 선정 • 디지털지상파 신청
코스닥시장에의 영향	• 자금 유입기대 • 통합방송법 수혜주 및 전자화폐관련주 관심	• 인플레 논란에 따른 통화기조 긴축 전환가능성 • IMT 2000 수혜 예상 종목 및 바이오테크주 및 위성방송관련 업체 관심	의약분야의 전자상거래업체, 인터넷서비스 및 인터넷 포털업체 관심	IMT 2000 사업자 선정에 따른 통신업체의 주가차별화에 관심, 즉 IMT 2000 주사업자와 탈락되는 통신업체 간에는 생존을 위한 M&A 등의 인수·합병 붐 예상

5. 장외주식거래방법

❏ 매매상대자 직접 만나 계약서 작성

법적으로 중개인을 둘 수 없으며 비상장주식을 매매하는 업체를 통해 원매자를 찾아 1대1로 상대매매해야 한다. 장외주식거래를 원하는 투자자는 일반적으로 인터넷의 중개사이트를 통해 매도를 원하는 메일을 올리고 매수를 원하는 투자자를 만나 직접 거래를 하는 방식이 일반화 되어 있다. 그러나 각 중개사이트마다 가격차이가 많이 나기에 여러 중개사이트를 검색할 필요가 있다.

❏ 성장가능성 및 우량종목 선정

장외시장은 재무의 건정성이나 회사의 성장가능성을 확인하기 어려우며, 대부분 증권거래시장이나 코스닥시장처럼 정규시장에 진입하기 어려운 기업이나 퇴출당한 기업이 많이 있기에 삼성 SDS(600,000원), 나래이동통신(160,000원), 신세기이동통신(135,000원), LG텔레콤(90,000원), 두루넷(78,000원), 쌍용정보통신(75,000원), 삼성에버랜드(60,000원), 강원랜드(42,000원), GNG텔레콤(48,000원), 온세통신(30,000원) 등과 같은 성장가능성과 시장인지도가 있는 우량종목을 선정해야 한다.

※ 위의 장외주식 거래가격은 1999년 12월 28일 기준의 가격이며, 중개업체 및 상황에 따라 상당한 가격차이가 존재 할 수 있음을 알려둔다.

❏ 매매 상대자의 신분 확인

사기거래의 가능성이 항상 존재하기 때문에 상대방을 직접 만나 주식 매매양수도 계약서를 작성하는 것이 가장 안전하며, 이 계약서에 발행회사 인수주식수와 총인수가액, 주식양수도일 그리고 매매자 주소 및 전화번호 등을 확인하고 명시해야 혹시나 있을지 모르는 분쟁의 소지를 막을 수 있다. 물론 한국인터넷 도메인센터를 통해 거래상대방의 인터넷주소 등을 확인해 역추적을 할 수 있으나 상대방이 주식매매가액이나 주권실물을 가지고 없어지는 경우 등의 사기에는 대응할 수 없을 것이다.

❏ 양도차익에 대한 세금납부

증권거래시장이나 코스닥시장보다 많은 투자비용이 소요된다. 상장주식과 코스닥주식을 거래하는 투자자는 양도차익에 대한 세금이 없지만, 장외시장에서 주식거래로 차익을 남길 경우 대기업 주식은 20%, 중소기업주식은 10%를 양도차익에 대한 세금으로 내야 한다.

❏ 비상장주식 중개사이트

www.intop.co.kr www.auction.co.kr www.otcstock.co.kr
www.pstock.co.kr   www.offboard.com
www.smba.go.kr (객관적인 벤처기업정보 : 중소기업청 벤처넷)

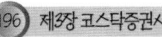

❏비상장주식에 대한 정부의 향후대책

장외시장에서의 매매 문제점을 해소하기 위해 정부에서는 거래 중개제도 도입을 추진중이다. 코스닥시장은 호가중개를 하는 인터넷시스템을 개발하고 증권예탁원과 증권회사들과 협의해 호가중개시스템의 프로그램을 개발하여 2000년 초부터 제3시장을 본격 가동할 계획이다.

❏제3시장(호가중개시스템) 운영에 대해

◐ 매매제도
제3시장은 오전 9시부터 오후 3시까지 단일장으로 운영하고 위탁증거금은 100%, 가격제한폭은 없다.
주식은 1주단위로 매매주문을 낼 수 있다.
호가가격단위는 코스닥시장의 호가가격단위와 동일하며 10,000원 미만의 주식은 10원 단위로 주문을 낼 수 있다.

◐ 매매방법
증권사 영업점은 고객으로부터 매매주문을 받는 즉시 본점 총괄부서에 주문을 전달, 주문을 접수한 증권사는 먼저 회사 자체적으로 주문을 처리할 수 있는지 확인, 자기매매 또는 자사 고객간의 매매중개가 가능한 지를 점검, 자사창구에서 매매가 체결됐을 때는 체결 90초안에 거래가격, 거래량, 거래대금 등을 제3시장에 전

달, 자체적으로 매매를 중개하는 것이 불가능할 경우 주문 접수후 10분 이내에 제3시장에 그 주문을 전달해야 한다.

제3시장은 증권사로부터 제출받은 호가중 매수호가와 매도호가가 일치하는 경우 매매를 체결, 동일한 호가가 있는 경우 시간우선으로 주문이 처리, 주문체결 결과는 건별로 해당증권사와 증권예탁원에 통보한다.

▶ 수수료

제3시장이 증권사로부터 떼는 수수료는 이원화돼 있다.

우선 증권사 자체적으로 매매체결이 이뤄지는 경우는 거래대금의 10만분의 1을 수수료로 떼는데, 예를 들어 1억원을 거래할 경우 1천원이 수수료로 나간다.

▶ 세금문제

제3시장에서 주식을 사고 팔아 이익이 발생하면 이익금의 20%를 세금으로 내야 한다. 장외주식에 대해서 세금을 물리는 현행 소득세법과 법인세법을 제3시장에 그대로 적용한 것으로, 이에 따라 세금 내기를 꺼리는 투자자들은 시장 참여를 기피할 것으로 예상된다.

※ 지금처럼 명동 등 사채시장에서 거래하면 거래사실이 드러나지 않아 세금을 내지 않아도 되는 만큼 구태여 제3시장에서 매매할 이유가 없다.

6. 코스닥 투자요령

❑ 코스닥증권 사이트 및 정보매체를 활용하라

◐ 객관적인 벤처기업정보

중소기업청 벤처넷(www.smba.go.kr), PC통신 하이텔(go ksdaplaza), 천리안(go ksda), 나우누리(go ksda)를 이용할 수 있고 ARS무료전화를 통해 시세 정보도 제공된다(700-3050). 증권업협회가 운영하는 투자정보자료실에는 사업보고서, 등록법인 관계서류, 증권회사 주보, 코스닥시장지 등이 비치되어 있다.

> 코스닥증권 상담전화: 등록과 공시는 3775-0443
> 매매상담은 3775-0445

MBN 증시현장(오후 10시방송), 경제신문 코스닥면 등의 일간지와 코스닥증권에서 발행하는 정기간행물을 활용하면 정보를 다양하게 얻을 수 있다

※ 개인이 운영하는 유사 코스닥사이트들에는 루머성 정보들이 난무하므로 주의할 필요가 있다.

 ❏ 정부정책 및 제도의 변화 등 큰 흐름을 살펴라

최근 코스닥지수는 사상최고치를 갱신하는 강한 상승세를 나타내고 있다. 특히 1999년 2/4분기에 정부의 벤처기업에 대한 육성의지 및 코스닥시장 활성화 방안이 발표된 이후 과거 약세장에서의 거래소시장 일일거래대금을 초과하는 3천4백억원의 거래대금과 1,900만주의 거래량을 기록하며(1999년 7월20일) 제1차 급등 랠리를 형성하였다. 그후 대우채 및 금융시장 불안으로 인한 3개월여 간의 완만·하향 추세를 형성하다 10월말 각 증권사별 코스닥증거금율 인하와 11월1일부터 3호가공개 및 회원사별 매매현황을 공개한 것을 계기로 기간 및 외국인의 코스닥시장 참여를 계기로 또다시 제2차 급등 랠리 양상을 나타내고 있으며, 1999년 12월 28일의 코스닥시장 1일거래량 및 거래대금은 각각 1억 8백만주와 2조 3천억원에 달하고 있다.

❏ 환금성을 점검하라

코스닥시장에는 아직까지 환금성이 떨어지는 종목이 많이 있다. 하루 거래량이 10,000주도 되지 않는 종목이 130여개에 달하는데(이는 전체 코스닥 종목의 1/4), 환금성이란 주식을 사고 싶을 때 살 수 없고 팔고 싶어도 팔 수 없는 상황, 즉 현금화에 어려움이 있는 경우를 말한다.

※ 따라서 주식분산이 잘 되어 있으며 거래량이 어느 정도 수반되는 종목 선택
　이 필수적이다.

□ 투자 유의 종목

코스닥시장에는 투자 유의 종목이 120여개 있다. 지정사유로는 거래량이 월간 1,000주 미만일 경우, 분산기준에 미달할 경우, 주된 영업활동이 정지된 경우, 재무제표 감사인의 감사의견이 부적정 또는 의견거절의 경우, 고의 및 상습적 불성실공시의 경우 등이다.

※ 하지만 이러한 투자 유의 종목에서 조만간 해제될 가능성이 있는 종목일 경
　우 투자 유망 종목으로 선정될 수 있다.

□ 그릇된 정보로 인한 뇌동매매 금지

코스닥종목(등록기업)은 거래소 종목(상장기업)에 비해 지분분산이 잘 되어 있지 않아 소수의 투자자에 의해 시세가 조작될 가능성이 크고 정보의 비대칭성이 상대적으로 훨씬 심하기에 정보에 이끌려 뇌동매매하는 것은 지양해야 할 것이다.

□ IR(Investor Relations)하는 기업을 점검하라

IR이란 그 동안 기업의 성과 및 앞으로의 경영계획을 대외에 알

리는 것을 말한다. 올해 들어 상장 거래소 종목 및 코스닥종목들은 IR을 전후하여 주가가 오르는 양상을 보이고 있으며, 특히 1999년 하반기에 코스닥종목들은 IR하기 3일 전부터 급등하는 양상을 보여 왔다. 이유는 기업정보가 부족한 개인투자자들의 경우 IR을 통해 투자 대상기업의 내용을 알게 되면서 투자에 자신을 갖기 때문이며, 기관투자자들일 경우 이러한 패턴을 알기에 공격적인 매수를 하게 되는 것이다.

　예: 테라, 터보테크, 휴맥스, 한글과컴퓨터, 비트컴퓨터, 대양이 앤씨, 새롬기술 등

※ IR일정은 코스닥증권시장(2001-5750)이나 인터넷 홈페이지 (www.kosdaq.or.kr)에서 찾을 수 있으며 현재는 비정기적으로 매주 목요일 증권업협회 대강당에서 오후 3시30분에 행하여 지고 있다.

　❑수시로 공시종합 및 기업공시를 확인하라

　공시는 기업이 경영상의 주요 변동사항을 코스닥증권이라는 공식 통로를 통해 투자자에게 알리는 것이므로 증시루머에 비해 신빙성이 월등히 높다고 할 수 있다.

　공시는 기업의 현황과 경영상태를 파악할 수 있는 잣대가 되며 공시 내용을 회사에 문의해 문안에 포함되지 않은 내용과 배경을 알아두면 투자에 도움이 될 것이다.

※ 코스닥시장의 경우 기업실적이 좋아지면서 액면분할이나 유상증자(대폭적인 할인가 및 배정비율을 적용하는 경우)를 공시할 경우를 기점으로 대폭으

로 상승하는 양상을 띄워 왔으며 당분간 이러한 양상은 지속될 것으로 예상된다. 이는 컴퓨터 및 인터넷관련주 이외의 뚜렷한 테마주가 없는 코스닥시장의 특성상 새로운 순환매적 투자대상을 설정하려는 심리에서 기인한다고 볼 수 있다.

❏ 경영자 및 회사구성원의 자질을 살펴라

중소기업 및 벤처기업의 경우 경영자가 그 회사의 사소한 일에서부터 중대한 일에 전반적으로 관여하고 있으므로 코스닥기업의

향후 비전은 무엇보다도 경영자 및 소수경영진의 자질에 달려있다고 해도 과언이 아니다.

※ 점검해야 할 경영자의 자질로는 현업과 관련된 과거의 신뢰성 · 기술력 · 경력 · 전문적인 지식 등과 현재의 관리능력 및 영업능력 그리고 향후 비전 제시 및 개발능력 등이다.

❑ 오전 동시호가와 점심시간을 주시하라

오전동시호가의 경우 증권거래소와는 달리 오전 8시에 가장 근접한 주문에게 우선권을 부여하기에 꼭 매입해야 할 종목이라면 오전 동시호가를 활용하는 것도 바람직하며, 장이 시작한 오전 9시에서 40분간의 매매동향이 하루의 장 전체 흐름을 좌우하는 경향이 강하며, 거래소시장과는 달리 점심시간에도 장이 열리는 특성상 점심시간에도 코스닥시장을 면밀히 관찰하는 것이 필요하다.

❑ 고점매수 · 저점매도의 매매전략

최근 각광받고 있는 매매방식인 고점매수 · 저점매도의 전략은 코스닥시장에 더욱 잘 적용되는 패턴이다.

※ 동반상승 동반하락하는 국내 코스닥시장의 특성상 전반적으로 '상승하는 장에서는 매수' '하락하는 장에서는 매도'를 취하는 '고점매수 · 저점매도 전략'이 유효할 것으로 판단된다.

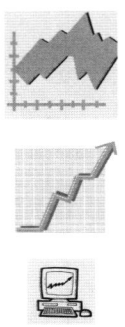

제4장
주식시장의 예측

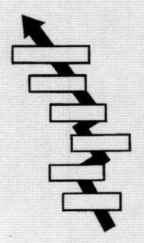

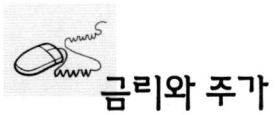

금리와 주가

　금리는 원금에 대한 이자의 비율로서 돈(통화)의 수요와 공급에 의해 결정되는 돈의 가치이며, 또한 돈의 현재와 미래의 교환비율이기도 하다. 금리를 나타내는 대표적인 지표로서는 회사채수익률, 정기예금이자율, 국고채수익률, 콜(Call)금리 등이 있다. 이중 회사채수익률은 기업이 발행한 회사채유통수익률로 시중의 실세금리를 나타내는 가장 대표적인 지표로 사용되며, 콜금리는 금융기관 상호간의 단기 대부금리로 단기금리를 나타내는 가장 대표적인 지표로 사용된다.

　금리는 흔히 이자율, 수익률 등과 혼용하여 쓰이고 있으며, 주가와는 부(-)의 관계가 있는 것으로 알려져 있다. 즉, 금리가 오르면 주가(주식시장)는 하락하고 금리가 내리면 주가는 상승한다는 것이 일반적인 견해이다.

　투자자와 기업, 두 가지 측면에서 금리와 주가의 관계를 살펴보자.

　우선 투자자 측면에서 은행의 예금이자율이 높거나 채권수익률이 높다면 위험을 감수하면서 주식시장에 투자하지 않고 은행에 예금을 하거나 채권투자를 할 것이다. 따라서 주식에 대한 수요는

증가하지 않아 주식시장 전반에 악영향을 줄 것이며 주가하락으로 이어질 수 있다.

개별기업 측면에서는 금리가 상승하게 되면 자금조달 비용이 증가하고 주주들의 요구수익률이 높아지게 되어(배당압력) 현금흐름을 감소시킨다. 이런 경우 설비투자, R&D 지출의 감소 등으로 미래 이익과 성장성이 떨어지고 기업의 가치가 감소하게 된다. 기업의 가치감소는 주식가치의 하락을 의미하게 된다.

이렇듯을 금리의 변동은 주가수준에 중요한 영향을 미치므로 금리예측을 통한 투자시점의 결정이 유효할 수 있다.

예를 들면 금리가 전체적인 경기활동의 흐름과 밀접한 관계를 맺고 있으며 경기순환 상에서 호황기에 접어들 때 금리가 상승하며, 불황기에 들어설 때 금리가 하락한다는 것을 알고 있다면 금리가 하락하기 시작할 때 주식의 매수시점을 결정해야 한다.

한편, 금리는 통화량(돈의 양), 정부정책 등에 영향을 많이 받는 지표이므로 통화량이나 정부정책 등에도 관심을 가진다면 주식투자에 도움이 될 것이다.

IMF 체제이후 일련의 금융위기설(유동성 부족)로 현재 시중의 통화량은 과거 어느 때보다 상대적으로 풍부하다. 또한 이자율도 한 자리수로 건국이래 최저수준이라 할 수 있다.

최근 중앙(한국)은행은 1957년 이후 사용하던 통화정책 수단을 통화량에서 이자율로 변경함에 따라 과거와 같은 고금리시대는 없을 것으로 여겨진다. 그런데 30%내외에서 한자리수로 떨어질 대의 금리와 현재 하향 안정화 된 금리와는 상대적으로 차이가 있을 것이다.

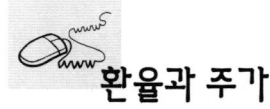
환율과 주가

환율은 우리나라 화폐와 다른 나라 화폐의 교환비율이며, 특정 국가의 화폐기준으로 본 우리나라 화폐의 가치이다. 우리나라에서는 주로 미국 달러, 일본 엔, 유럽의 유로화 등이 중요시되고 있다.

환율은 기본적으로 외환시장에서 외화의 수요와 공급, 즉 수급에 의해 결정되는데 공급이 수요보다 많으면 환율이 하락하고 수요가 공급보다 많으면 상승한다.

환율이 하락하면 수입물가가 하락해 물가안정에도 크게 기여한다. 또 외채를 갚는데도 부담이 줄어들고 국제금융시장에서의 영향력도 높아진다. 하지만 수출상품의 외화표시 가격이 높아져 경쟁상품에 비해 가격경쟁력이 떨어지며 외국인투자를 둔화시키는 부작용을 낳기도 한다.

환율은 다른 나라 화폐기준으로 인상 또는 인하라는 표현을 쓴다. 예를 들면 1$당 1,100원하던 환율이 1,200원이 되었다면 환율인상이라고 한다. 이 때 우리나라 화폐(돈) 가치는 하락했다. 1$하는 햄버거를 사기 위해 1,100원 지불하던 것을 환율인상으로 1,200원을 지불해야 하기 때문이다. 환율인상은 바꾸어 말하면 우리나라 화폐가치의 하락, 평가절하라는 표현과 동일하다.

일반적으로 환율과 주가는 정(+)의 관계가 있다. 다시말해 환율 인상은 주식시장에 긍정적인 요인으로 작용한다.

예컨대, 미국 현지에서 달러당 1,100원일 때는 우리나라 볼펜 1,100원 짜리를 1$를 주고 구매해야 하지만, 달러당 1,200원으로 환율이 인상되면 약 0.917(=1,100÷1,200)달러만 주고 구매할 수 있다.

따라서 수출이 증대되고 수입은 반대로 감소하여 기업의 수지개 선 나아가 국제수지 개선으로 주식시장에는 긍정적인 요인이 된 다. 또한, 환율인상은 외국 투자자금 유입 촉진으로 증시에 또 다 른 긍정적인 요소가 되기도 한다.

◯ 환율과 주가

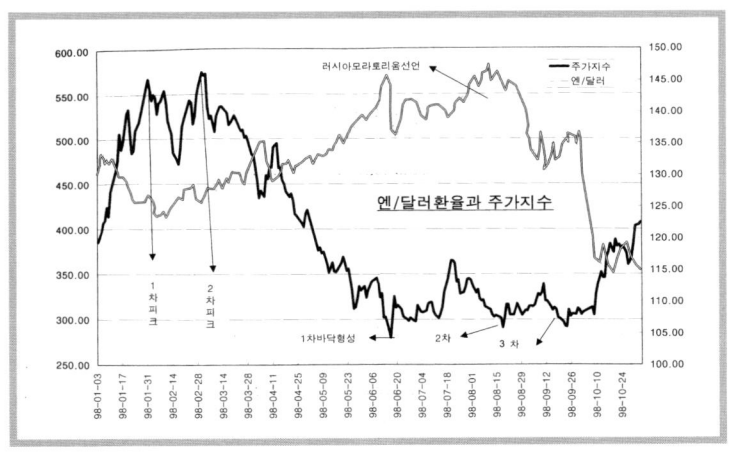

 한편, 무역이나 국제자본유입으로 인상된 환율은 다시 인하되어 조정의 과정을 반복하게 된다.

그런데, 최근 경제위기 때 고환율은 증시에 호재라기 보다는 나라 경제를 나타내는 지표가 되기도 하였다. 당시는 외환위기 상황으로 환율은 주식시장에 무엇보다 민감하게 작용하는 요인이 되었으며, 앞서 언급한 것과는 반대로 환율인하가 호재가 되기도 했었다. 이는 환율을 국가의 경제지표로 인식되던 시기였기 때문이였을 것이다.

이런 특수한 상황이 아니라면 환율의 인상은 주식시장에는 긍정적인 요인이 될 것이다.

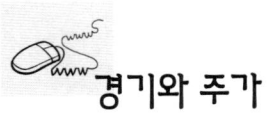 경기와 주가

경기(景氣)는 한 나라의 총체적인 경제활동의 수준을 의미한다. 흔히 '경기가 좋다(나쁘다)' 또는 '경기가 어떠냐?' 라는 표현으로 사용하기도 한다. 경기는 일정한 기간을 두고 활발하다가 침체기에 빠지게 되고 다시 활발해지는 파도모양의 규칙적인 변동현상을 보이는 데 이것을 경기순환(Business cycle)이라 한다.

한 경기순환은 팽창국면과 위축국면으로 이루어 지며, 팽창국면은 다시 회복기와 호황기로 위축국면은 후퇴기와 불황기로 나뉘어진다. 이러한 일련의 과정을 거쳐 경기순환이 완결되는데 소요되는 기간을 순환과정이라 한다.

또 위축국면에서 팽창국면으로 전환되는 점을 '저점', 팽창국면에서 위축국면으로 전환되는 점을 '정점' 이라 한다. 그리고 저점에서 정점까지의 높이를 '진폭' 이라 한다.

그럼 경기는 주가에 어떠한 영향을 미칠까. 당연히 경기가 좋을 때는 주가에 긍정적인 효과를, 경기가 나쁠 때는 부정적인 효과를 미친다. 그런데 경기순환 과정을 여러 가지 지표로서 예측하고 있기 때문에 주가는 일정한 시차를 두고 경기보다 더 빨리 움직인다.

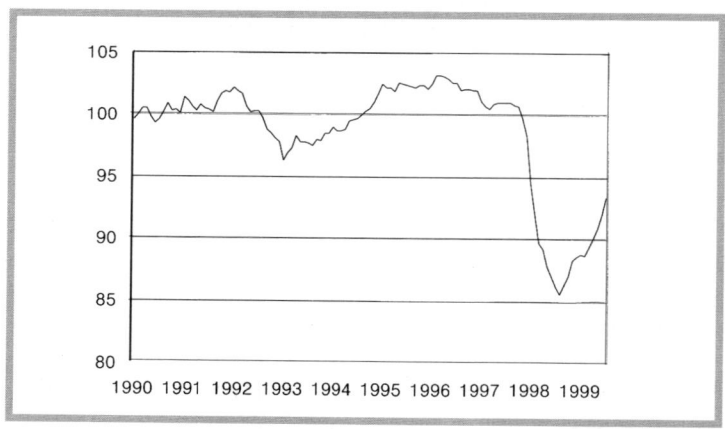

〈경기동행지수 순환변동치, 산업연구원 (1999.09.30)〉

즉 경기순환 과정중 회복기가 시작하기 전에 주가는 상승한다.

경기보다 더 빨리 움직이는 주가를 '경기선행지수' 라 하고, 선행지수는 통상 3~6개월 앞의 경기를 말해 주는 신호로 받아들여지고 있으나 그 기간은 일정치 않다.

※ 우리나라에서 1981년부터 재정경제원과 한국개발연구원에서 경기종합지수는 선행지수, 동행지수, 후행지수를 발표해 오고 있다.

◯ 경기동행지수 순환변동치상의 경기국면

정점 (92.1)	저점 (93.1)	정점(96.3)	외환위기 (97.12)	저점(98.8)	99.8
102.2	96.3	103.2	98.3	85.6	94.1

산업연구원 1999.09.30

 제4장 주식시장의 예측

경기와 주가의 관계를 경기순환과 연관하여 살펴보자.

경기가 불황을 보이면 정부는 기업의 설비투자 등과 같은 국가경제 활성화를 위해 통화량을 늘이고 금리인하를 유도한다. 이 때 경기바닥 인식과 함께 금리하락에 따른 주식시장으로 자금이 이동하여 주가는 상승을 시작한다. 이 시기의 주식시장을 '금융장세'라 한다.

경기가 회복되어 기업의 설비투자 증가와 함께 경제활동이 활발해지고 호황을 누리게 된다. 이 때 주식시장도 상승이 이어지면서 거의 무차별적으로 주가가 상승한다. 이른 바 '경기장세'이다

경기가 호황기에서 정점에 이르기 직전 기업들의 성장과 실적호전, 경상수지 흑자 등이 나타난다. 반면 지나친 경기과열 논쟁이 일어나고 정부는 긴축정책을 검토하게 된다. 이 때 주식시장은 주가차별화 현상이 나타나며 금융주 약세와 실적주만 상승한다. 이른 바 '역금융장세'이다.

경기가 침체기에 접어 들면 주식시장은 부도 공포와 함께 악성 루머가 기승을 부리게 되는 한계기업 장세가 나타난다.

경기	팽창(상승)국면		위축(하락)국면		비고
	회복기	호황기	후퇴기	불황기	
주가	금융장세	경기장세	역금융장세	한계기업장세	경기와 시차가 있음

결론적으로 경기와 주가는 시차는 있지만 서로 정(+)의 관계에 있으며, 경기 회복기보다 주가 상승기가 앞서 나타난다.

　　한편, 최근 미국경기는 경기의 순환과정으로 설명할 수 없을 정도로 호황을 누리고 있으며 주식시장도 계속 상승을 이어가고 있다. 그리고 세계적으로 첨단기술의 발달 등으로 경기순환 과정 자체를 설명하지 못하는 현상이 일어나기도 한다.

계절과 주가

1. 날씨와 주가

날씨의 좋고 나쁨이 주가지수의 등락을 좌우한다고 한다면 밀레니엄 시대에 사는 현대인으로서는 우수운 일일지 모르지만 과거 증권시장에서는 투자심리에 영향을 미친다는 통계자료도 있었고 침체를 거듭한 1998년도에도 내 기억으로는 뚜렷한 상승요인이 없었던 조정기간 동안은 비가 오는 날이면 여지없이 종합주가지수가 마이너스를 기록한 것으로 기억된다.

대체로 강세장에서는 관계가 없지만 장기조정국면에서는 어느 정도 사람들의 투자심리에 영향을 미치는 모양이다. 아마도 비가 오면 외출하기 귀찮고 주가마저 시원찮으면 주가를 쳐다보기도 싫은 것이 사람의 심리일 것이다.

아주 오래 전 지점에 근무할 때를 돌이켜 보면 비오는 날이면 고객전화도 뜸하였고 객장에 나오는 사람도 평소보다 훨씬 적었었다고 기억된다. 요즘이야 통신수단이 워낙 발달해서 컴퓨터를 이용한 HTS(홈트레이딩)나 소형무선단말기로 주문을 내는 시대니 영향력이 거의 없다고 해야 할 것이다.

 ## 2. 계절효과와 연휴

　그러나 계절효과나 휴일효과는 어느정도 영향이 있는 것 같다. 매매의 주된 세력이라고 할 수 있는 기관투자가나 외국인들이 본국으로 돌아가는 여름휴가철이나 특정 연휴기간동안은 주가가 약해지는 패턴을 자주 반복하는 경향이 있다.

　여름 휴가철이 있는 7~8월은 대체로 주가가 약세를 보이는 경향이 있으며 일반인들도 대체로 그렇게 여기고 있는 듯하다. 가끔 수년마다 한번씩 여름강세현상이 온다고 법석을 떨 때도 있는데 이른바 '섬머랠리(summer rally)' 장세(場勢)가 그것이다.

　언제부턴가 국내증권시장에서 외국인의 영향이 점차 커지면서 외국인들의 부활절 휴가를 의식하기도하고 추수감사절이나 심지어 할로윈데이나 발렌타인데이까지도 신경을 쓰는 투자자도 있다. 크리스마스와 납회일이 낀 연말이 가까이 오면 12월초부터 연말장에 대한 기대감이 가장 높아지게 된다.

　대체로 지난 10년 동안 종합주가지수는 경기침체가 완연했던 1996년과 외환위기가 발생한 1997년을 제외하곤 대체로 강세장이었다고 기억된다.

3. 1월효과

　'1월 효과(January Effect)' 라는 것이 있다. 연말에 강세를 보이는 것도 새로운 해에 대한 투자자들의 기대심리가 복합적으로 이뤄지기 때문에 나타나는 것이 아닌가 생각된다. 일 년을 주기로 보았을 때 1월의 수익률이 높은 통계에 근거한다. 대체로 12월말의 강세가 1월까지 이어지는 경향이 강한 편이라 1월 효과라 부르는 것이다.

지금은 배당락 지수라는 것이 없지만 1997년 말까지는 12월 결산법인의 경우 배당유무에 관계없이 전년도에 실시한 배당실적을 기초로 일괄적으로 배당락(配當落)조치를 취하고 새해에 적용될 기준지수와 기준주가가 일괄적으로 발표되었다. 나중에 배당락을 당하고도 정작 주주총회에 가서는 무배당을 결의해도 투자자는 하소연할 수가 없었다.

이러한 불합리한 제도를 개선하여 1998년부터는 주식배당을 예고한 경우를 제외하고는 배당락 조치를 취하지 않게 된 것이다.

4. 주말효과

주말효과(Weekend Effect)란 것이 있다. 서양에서는 오래 전부터 주말휴가가 토요일과 일요일 이틀을 쉬었다. 그 때문에 주중에 강세를 보이다가 휴가가 끝나는 주초인 월요일엔 약세를 보인다는 것이다.

그 이유인즉 휴가기간동안 차분히 지난 한 주간 동안의 증권시장을 생각해 보고 비합리적인 부분들이 있었다는 것을 알게 되면 의문이 생겨 월요일에는 지난 주에 반영되지 않았던 악재가 주가에 반영되어 주가가 하락하는 경향을 보인다는 것이 바로 주말효

 과이나 우리 나라에서는 아직 주말효과가 '뚜렷하다'고는 보기 어렵다. 대신 강세장에서는 주말에 강한 상승세를 보이고 약세ㆍ조정장세에서는 주말에 약세가 나타나고 있다.

5. 일중효과

하루 중에도 전장과 후장간의 지수변화가 약세인가 강세인가의 간접적인 판단을 할 때가 있다. 약세장에서는 아침에 강한 지수상승은 당일 종가가 약세로 기울 때가 많고 강세장에서는 전장보다는 후장 종반에 강한 상승세로 돌변하는 경향이 많다.

이를 두고 일중효과(Daily Effect)라고 하며 전강후약(前强後弱)이니 전약후강(前弱後强)이니 하면서 약세 또는 강세 전환의 신호로 삼을 때도 있으나 항상 일치하는 것은 아니다.

❂ 주요 주식연계채권 비교

	CB(Convertible Bond) 전환사채	BW(Bend with Warrants) 신주인수권부 사채	DR(Depository Receipt) 주식예탁증서
차입 형태 및 특징	• 보통사채와 마찬가지로 확정이자를 지급하나, 정해진 전환조건(전환일시, 전환가격 등)하에서 투자가들이 동 사채를 발행회사의 주식으로 전환할 수 있는 권리가 주어진 사채 • 전환기간 내에 전환권이 행사되지 않으면 만기에 액면가격으로 상환됨 • 전환권이 행사되는 경우 발행회사는 유상증자와 같은 효과를 갖게 됨 • 전환권은 동 사채와 분리되어 유통될 수 없음	• 전환사채와 같이 확정이자를 지급하나 발행사의 보통주(대개는 신주)를 일정가격(행사가격)에 매입할 수 있는 권리(Warrant)를 인센티브로 부여함으로써 자금조달을 용이하게 하는 사채 • 행사기간내 권리가 행사되지 않으면 만기에 사채가 액면가격으로 상환됨 • 권리행사시 원채권과 관계없이 주식매입대금을 납입해야 함 • Warrant는 원채권과 분리되어 원채권과 별도의 시장가격이 형성되어 유통 가능함	• 자금조달을 위해 해외에서 주식을 발행할 경우 주권인수도상의 불편을 제거하기 위해 주식을 국내의 주식보관기관에 보관하고 발행 간사은행이 보관주식을 담보로 별도의 예탁증서를 발행하여 해외에서 판매 • 신주 또는 기발행주식을 공모매출하는 Sponsored 방식(공모방식)과 투자가의 기보유주식을 매입이나 예탁시키고 DR을 발행하는 Unsponsored 방식(교환방식)이 있음
Cou pon Rate (이자 율)	• BW에 비해 낮은 수중의 고정금리 • 투자가들은 전환시 전환가격과 전환당시의 발행사 주식가격과의 차이에 의해 이득을 얻을 수 있으므로 이자율이 낮더라도 선호하는 경향이 있음	• 전환사채와 보통사채 중간 정도 수준의 고정금리 • Warrant의 사채액면당 부여비율 등에 의해 이자율이 조정됨	• 이자지급이 없음 • DR가격은 발행당시의 기준 주가에서 5~10% 정도 할인되어 결정되며, DR의 담보인 원주식에 대한 배당금이 DR 소유자에게 이전됨

	CB(Convertible Bond) 전환사채	BW(Bend with Warrants) 신주인수권부 사채	DR(Depository Receipt) 주식예탁증서
장점	• 발행자측에서는 전환권이 갖는 매력으로 인해 낮은 금리로 자금조달 가능 • 투자가 입장에서는 발행회사의 주가상승으로 인한 자본이득을 얻을 가능성이 크므로 주식투자의 효과를 얻음 • 전환권 행사시 자본증자로 재무구조개선효과가 있음	• Warrant에 의한 인센티브 부여로 자금조달이 용이하며 Warrant 행사시 추가자금조달이 가능 • 추가자금을 주식으로 조달하므로 CB와 같이 재무구조 개선효과가 있음	• 발행자측에서는 상환의 무가 없는(만기없음) 장기안정 자금조달 수단 • 투자가측에서는 저렴한 수수료와 적은 노력으로 원주식과 동일한 DR을 소유, 주주로서의 권리 행사를 할 수 있으며, 자유로이 매매도 가능 • 원주식의 가격상승시 DR가격도 상승하여 배당금외에도 자본이득도 획득 가능
단점	• Equity 관련 사채이므로 발행자는 법적제한을 많이 받음	• 좌동	• 할인발행으로 조달자금이 축소되며, 신주발행 후 배당금 지출 부담이 있음

◆ 세계 정치경제질서의 변화

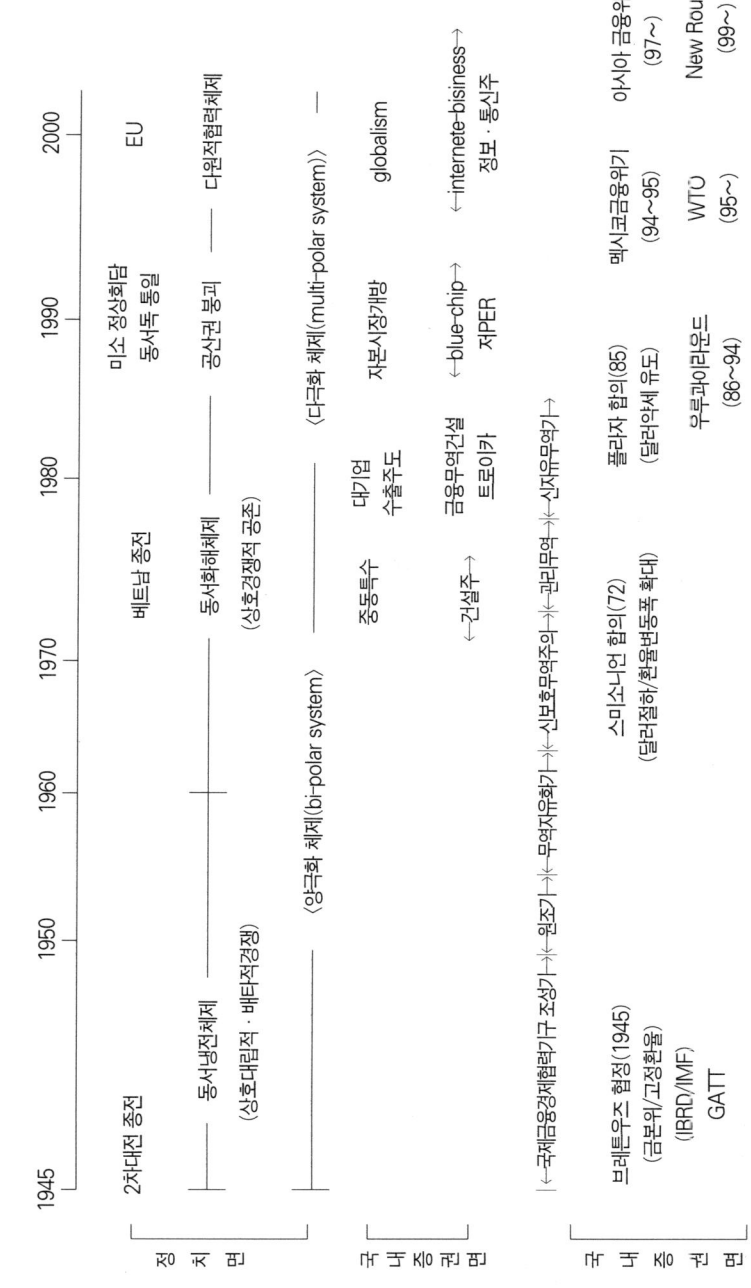

	1945	1950	1960	1970	1980	1990	2000

정치면

2차대전 종전

동서냉전체제 ── 동서화해체제 ── 베트남 종전 ── 미소 정상회담 동서독 통일 ── EU
(상호대립적·배타적경쟁) (상호경쟁적 공존) 공산권 붕괴 ── 다원적협력체제

〈양극화 체제(bi-polar system)〉 ── 〈다극화 체제(multi-polar system)〉 ──

국내 경제면

중동특수 대기업 수출주도 자본시장개방 globalism
←건설주→ 금융무역건설 ←blue-chip→ ←internete-bisiness→
트로이카 자머PER 정보·통신주

국제 경제면

|←국제금융경제협력기구 조성기→|←원조기→|←무역자유화기→|←신보호무역주의→|←관리무역→|←신자유무역기→|

브레튼우즈 협정(1945) 스미소니언 합의(72) 플라자 합의(85) 멕시코금융위기 아시아 금융위기
(금본위/고정환율) (달러절하/환율변동폭 확대) (달러약세 유도) (94~95) (97~)
(IBRD/IMF) 우루과이라운드 WTO New Round
GATT (86~94) (95~) (99~)

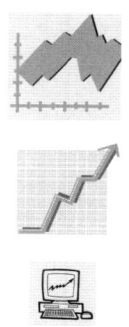

제5장

해외증권시장과 종합주가

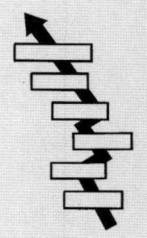

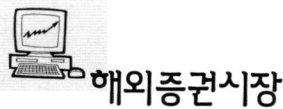

해외증권시장

1.미국의 주식시장

뉴욕증권거래소(New York Stock Exchange), 보스턴증권거래소(Boston Stock Exchange) 등 6개의 대표적인 증권거래소시장과 주식장외시장인 나스닥[1]시장이 있다.

미국의 다우존스통신사가 발표하는 다우존스 공업주 주가평균(Dow Jones Industrial Average)과 뉴욕증권거래소에서 발표하는 뉴욕증권시장지수(NYSE Composite Index) 등이 있으며 다우존스 공업주 주가평균이 대표적 지수이지만 최근들어 다우존스의 대표성에 논란이 제기되고 있을 만큼 나스닥시장의 급팽창이 이뤄지고 있다.

1999년 11월 1일 마이크로소프트(MICROSOFT)와 인텔(INTEL) 에스비씨 커뮤니케이션 등 인터넷 관련 종목과 주택개발 관련종목인 홈 더포트 등 4개가 DJIA30지수에 편입됐고 유니온 카바이드(화학), 세브론(화장품), 굿이어 타이어 앤드 러버(타이어), 시어스(상업유통) 등 4개는 빠졌다. 최근 미국의 나스닥과 홍콩증시가 주식의 교차상장을 위한 '글로벌 증시' 구축을 향한 움직임을 본

격화하고 있는데 양측은 우선 마이크로소프트(MS)와 인텔, 시스코 시스템, 델 컴퓨터 등 나스닥에 등록돼 있는 7개 대형기업의 주식을 홍콩증시에 상장하고 교차상장되는 주식종목을 점차 확대할 계획으로 나스닥과 홍콩증시는 미국과 유럽, 아시아를 3각축으로 해 24시간 거래되는 글로벌 증시체제 구축을 추진 중이다. 한편 세계적인 검색사이트 야후(yahoo)도 최근 S&P 500 지수에 편입되어 인터넷과 정보통신주의 시가총액에 반영되는 대표성이 점층 강화되는 경향을 띠고 있는 것이 세계적인 흐름이다.

다우존스 공업주 주가평균은 뉴욕증권거래소에 상장되어 있는 공업주 30종목을 대상으로 하고 있으며 뉴욕증권시장 지수는 모든 상장종목을 대상으로 산출하고 있다.

❏ 매매거래시간

전장, 후장 구분없이 월~금요일 09:30~16:00까지 영업을 한다. 시간외거래(Crossing Session)는 다음과 같이 2종류가 있다.

	시간외거래 Ⅰ	시간외거래 Ⅱ
거래시간	16:15 ~ 17:00	16:00 ~ 17:15
매매체결	당일 종가로 주문을 받아 체결	매도자와 매수자간 합의된 가격에 의해 체결

❑ 매매수량단위

100주 (단, 거래소가 지정하는 특정종목은 예외적으로 100주 미만의 거래도 가능)

❑ 가격제한폭제도 및 매매거래중단 제도

- 종목별 가격제한폭이 없음
- 매매거래중단제도(Circuit Breakers)

| [   ] | Get Quotes | Chart ▾ | symbol lookup |

Welcome

Customize (Yahoo! ID required) – Sign In

Track your favorite stocks and more with Yahoo! Finance [Register/Sign In]

Quotes

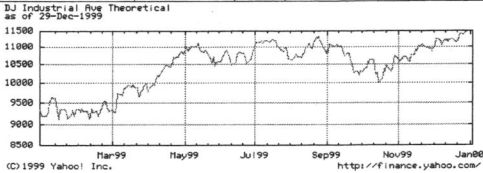

Get the latest stock split information with the Yahoo! Finance Splits Calendar.

Click to trade or open an account. – Important Disclaimer

Views: Basic – DayWatch – Performance – Fundamentals – Detailed – [Create New View]

Thu Dec 30 1:00am ET – U.S. Markets open in 8 hours 31 minutes.

DJ INDU AVERAGE (:^DJI) – More Info: News , Components					
Last Trade	Change		Prev Cls	Volume	Div Date
Dec 29 · 11484.66	+7.95 (+0.07%)		11476.71	N/A	N/A
Day's Range ·	Bid	Ask	Open	Avg Vol	Ex-Div
11425.64 – 11543.08	N/A	N/A	11472.88	N/A	N/A
52-week Range	Earn/Shr	P/E	Mkt Cap	Div/Shr	Yield
9063.26 – 11543.08	N/A	N/A	N/A	N/A	N/A

```
DJ Industrial Avg Theoretical
as of 29-Dec-1999
11500
11000
10500
10000
 9500
 9000
 8500
      Mar99   May99   Jul99   Sep99   Nov99   Jan00
(C) 1999 Yahoo! Inc.            http://finance.yahoo.com/
```

Splits: none

Small: [1 day | 5 day | 1 year | none]
Big: [1 day | 5 day | 3 month | 1 year | 2 year | 5 year | max]
Table: [daily | weekly | monthly | dividends]

Type: Basic
vs S&P 500
Moving A

Quotes delayed 15 minutes for Nasdaq, 20 minutes otherwise.
Customize Finance (Yahoo! ID required) – COOL JOBS @ YAHOO – Yahoo! Finance Home
Non-Tables Version – Download Spreadsheet Format

Recent News

Customize News

Wed Dec 29 ^DJI [external] World Markets: Mexican shares surge on 2000 budget approval – *at CBS MarketWatch*

Wed Dec 29 ^DJI Australia stocks near record,resource stocks focus – *Reuters Securities*

Wed Dec 29 ^DJI Tokyo stocks – Factors to watch – Dec 30 – *Reuters Securities*

Wed Dec 29 ^DJI Stocks Hit Records on Outlook, Bonds Up – *Reuters Business News*

Wed Dec 29 ^DJI WRAPUP–US stocks hit records on outlook, bonds up – *Reuters Securities*

All headlines for: ^DJI

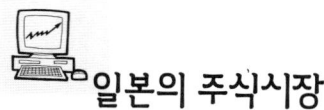
일본의 주식시장

일본의 주식시장은 동경, 오사카, 나고야 등 8개의 증권거래소시장과 주식 장외시장인 자스닥시장이 있다.

❏ 매매거래제도(동경증권거래소)

◉ 주가지수

일본경제신문사가 발표하는 일경평균주가(日經平均株價), Nikkei 500과 동경증권거래소에서 발표하는 TOPIX(Tokyo Stock Price Index) 등이 있으며 Nikkei 225 종목을 대상으로 하고 있으며 TOPIX는 시장 제1부 전 상장종목을 대상으로 산출된다.

◉ 매매거래시간

거래요일	전장	후장	시간외 매매
월~금요일	09:00~11:00	12:30~15:00	15:00~16:00

□MSCI 지수

MSCI(Morgan Stanley Capital International)는 Morgan Stanley 와 Capital Internal Perspective의 조인트 벤처로서, 국제투자자들을 위해 각종 지수를 발표하고 있다. MSCI지수는 국제증권시장의 비교 및 유용한 투자정보 제공을 위해 개발된 세계 증권시장 지수 국가별, 지역별 및 산업별 지수 등 총 106종류의 지수가 있으며, ACFE Free ex Japan[2](All Country Far East Free ex Japan) 지수는 극동지역 국가(일본 제외)들을 포괄하는 지역별 지수의 일종이다. 주로 미국계 기관투자자들이 펀드의 운용실적 평가 및 국가별 운용자산 배분 등에 MSCI 지수를 이용한다. 최근 말레이시아에 대

◐ ACFE Free ex Japan지수

국가	조정전(%)	조정후(%)
한 국	25	19.8
중 국	1	0.8
인도네시아	3	2.4
홍 콩	32.9	26.1
말레이시아	0	7.2
필리핀	2.6	2
싱가포르	13.2	10.4
타이완	17.3	27.3
태 국	5.1	4

해서는 지수편입을 재개하고, 대만에 대해서는 현재의 50%에서 100%로 상향조정하였다.

※ 일본을 제외한 아시아 극동지역 국가의 주식시가를 자본시장개방 정도에 따라 조정한 후 국별 가중치를 계산

  1999년 8월 12일 MSCI가 지수산정방식 변경방침을 발표하여 동 지수산정 방식의 변경은 2000년 5월 시행예정이지만 여러 단계로 나뉘어 순차적으로 분할 반영할 예정이다.

  MSCI 지수에 말레이시아를 재편입하고, 대만 주식시가의 지수 편입비율을 50%에서 100%로 상향조정하였는데 말레이시아가 자본통계 조치를 완화하고, 대만이 외국인 주식투자 한도를 30%에서 50%로 확대한 조치를 반영한 것이다.

  ACFE Free ex Japan 지수상의 국별 가중치는 일정기간 고정된 것이 아니며, 매일매일의 주가 변동 상황에 따라 변동된다. MSCI는 한 나라의 주식시장에서 투자할 만한 주식들을 선정하여 바스켓을 구성(전체 주식시가의 60% 수준)하는데 이렇게 구성된 바스켓을 기준으로 국가별 주식 시가총액을 계산하고, 이를 다시 자본시장 개방 정도에 따라 조정한 후 국가별 투자가중치를 계산하게 된다.

  한국은 현재 MSCI 신흥시장(Emerging Markets) 지수에 포함되고 있으며, 편입지수는 : EMF(Emerging Market Free), EMF Far East Asia, ACFE Free ex Japan 등 4개이며, 현입종목은 한국전력, 삼성전자, 포항제철, SK텔레콤 등 99개이다.

간접투자와 뮤추얼펀드

주식형 수익증권

1998년 9월말 이후 정부의 저금리 정책기조가 지속되면서 시중 금리가 한자리수에 머무르고 있다. 이러다 보니 그간 보수적인 투자자들의 단골 운용처였던 공사채형 수익증권의 잔고가 크게 줄어들었으며 주식형 수익증권과 뮤추얼펀드 등의 간접투자상품으로 자금이 많이 몰리게 되었다.

주식형 수익증권은 일정기간이 지나야만 환매할 수 있는 부분폐쇄형에 가깝다고 할 수 있으며 그 이전에 환매하는 경우는 수익금의 약 80%를 공제하므로 환매가 자유로운 시기가 되는 6개월 정도의 장세전망에 대한 안목이 필요하다.

뮤추얼 펀드는 현재 1년 단위의 설정기간이 정해진 폐쇄형이지만 입출금이 자유로운 개방형 뮤추얼펀드가 허용되면 더욱 활기를 띨 것으로 예상되며 거래소에 일종의 회사형태로 상장이 되어 있다. 한편 은행의 단위형 수익증권은 추가 설정이 되지 않는 폐쇄형이다.

금리상품에만 오래동안 의존하던 이런 투자자들이 아무래도 주식시장에는 익숙하지도 않을 뿐만 아니라 감당할 수 없는 투자위험에 대한 부담을 덜기 위해서는 간접투자 상품에 가입하는 것도 좋은 방법이다. 1999년 12월초 현재 국내에서 운용중인 뮤추얼펀드는 모두 85개, 운용금액은 5조원을 조금 넘는다. 투신운용사의 주식형 수익증권 수탁고가 55~56조원과 비교하면, 뮤추얼 펀드는 아직 큰 규모는 아니지만 간접투자 시장에 새로운 지평을열었다고 할 수 있다.

이러한 간접투자상품에 가입하더라도 대우사태로 인한 손실이발생하는 상황까지 벌어지다 보니 실망감과 신뢰감이 다소 떨어지는 분위기이고 운용자의 능력과 설정시기가 수익률을 크게 좌우힌다.

운용회사들의 검증된 실력과 설정시기에 따라서 현저한 차이가나므로 종합주가지수에 대한 나름의 감각이 있어야 가입자도 높은 수익을 얻을 수 있다.

자산운용회사의 실적이나 펀드 매니저의 역량을 확인한 다음 가입하여야 함은 물론 만의 하나 원금 손실도 입을 수 있는 실적배당상품인 만큼 판매를 하는 금융기관의 선택도 신중하여야 한다.

이제 과거처럼 원금보장형의 고금리 금융상품은 없어졌다고 볼수 있으며 투자의 안전지대도 없다고 할 수 있는 시대이다.

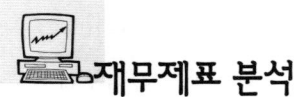

재무제표 분석

1. 재무제표 분석의 의의

재무제표 분석은 회계정보이용자들이 특정 기업과 관련하여 경제적 의사결정을 하는데 필요한 정보를 획득할 목적으로 재무제표를 중심으로 관련 자료를 분석하고 평가하는 것을 의미한다.

기업이 작성한 재무제표는 여러 가지 분석기법들을 통해 분석한 데이터로써 재무정보이용자들의 의사결정에 더욱 유용한 정보가 될 수 있다.

2. 재무제표 분석의 목적

정보이용자들은 재무제표 분석을 통해 의사결정에 필요한 정보를 획득 할 수 있다. 정보이용자들이 의사결정을 하는데 있어 재무제표 자체가 도움이 되기보다는 이것을 토대로 해석하고 재무제표 항목간의 관계를 파악해야만 유용한 정보를 얻을 수 있다.

재무제표 분석은 이와같이 원시자료인 재무제표를 토대로 하여 의사결정에 필요한 정보를 추출하는데 그 목적이 있다고 볼 수 있다. 즉 정보이용자들은 기업의 과거 경영성과와 현재의 재무상태를 평가하고, 이를 토대로 하여 기업의 미래 수익잠재력과 관련 위험을 예측하는 것이다.

3. 재무제표 분석 기법의 종류

재무제표를 분석하고 해석하는데 중요한 것은 재무제표 항목간의 상호관계를 이해하고 이들의 관계를 시간적으로 비교하거나 또는 표준지표와 대비하여 비교함으로써 그 변동사항을 파악하는 것이다.

재무제표 분석기법들 중 일반적으로 사용되는 것으로는 추세분석, 수직분석, 재무비율 분석 등이 있다. 그 가운데 전통적으로 가장 많이 이용되는 것은 재무비율 분석이다.

□ 추세분석(수평적 분석)

추세분석은 두 개 이상의 연속된 회계기간에 대하여 재무제표 항목들의 변화율을 비교하는 기법으로 수평적 분석이라고도 한다. 이러한 추세분석은 기준연도를 정하고 기준연도 이후의 해당 재무제표 항목을 기준연도의 항목에 대한 비율로 표시하는 것이다.

□ 수직적 분석

수직적 분석이란 재무제표를 구성하고 있는 각 재무제표 항목의 상대적 크기를 백분율로 표시하여 분석하는 것을 말한다.

수직적 분석을 위해서는 재무제표의 모든 항목을 백분율로 표시하여야 하기 때문에 수직적 분석에서 이용하는 재무제표를 백분율 재무제표라고 한다. 이 분석은 재무제표 각 구성요소들이 차지하는 상대적 중요성을 비교하는데 유용하다. 동종산업에 종사하는 다른 기업들과 비교해 봄으로써 기업간의 영업 특성과 재무적인 특징을 파악하는데 도움이 된다.

□ 재무비율 분석

재무비율 분석은 재무제표상의 개별항목간의 비율을 산출하여 기업의 재무상태나 경영성과를 분석, 판단하는 기법이다. 재무비율은 재무제표 항목간의 관계를 나타내는 것으로 여러 가지 방법으로 표시된다.

이 분석은 기업을 평가하는데 유용한 정보를 제공하지만 어떤 비율이든지 절대적인 기준치가 존재하지 않기 때문에 동종기업간의 비교 및 특정기업의 기간별 비교를 통하여 상대적으로 종합판단하는 것이 좋다. 재무비율은 재무제표 각 항목간의 상관관계가 의미가 있을 때만 분석가치가 있다.

기본분류	내 용	재무비율
유동성비율 (liquidity ratios)	기업의 단기채무의 상환 능력을 측정하는 지표 (단기부채 지불능력측정, 부채자금조달능력)	유동비율, 당좌비율
안정성비율 (leveage ratios)	기업의 타인자본의존도, 특히 장기부채의 원리금을 상환할 수 있는 기업의 능력을 추정	부채비율, 자기자본비율, 고정부채비율, 이자보상비율, 고정비율, 고정자기적 합률
수익성비율 (profitability ratios)	기업경영의 총괄적인 효율성의 결과를 매출에 대한 이익이나 투자에 대한 이익으로 나타내는 모든 비율	총자산순이익률, 자기자본이익률, 매출액영업이익률, 매출액경상이익률, 매출액순이익률, 금융비용 매출액
성장성비율 (growth ratios)	경제 및 산업의 성장 속에서 기업이 외형 및 수익력면에서 얼마나 발전하고 있는가를 측정	총자산증가율, 매출액증가율
시장가치비율 (market value ratios)	증권시장에서의 주식가격과 관련된 비율. 이 비율은 위험과 수익을 모두 반영하기 때문에 기업성과를 가장 완전하게 측정해 준다.	주당이익, 주당이익성장률, 주가수익비율, 주가장부가치비율, 배당성향 비율

4. 재무비율의 종류

일반적으로 가장 널리 쓰이는 재무비율로는 유동성비율, 안정성비율(레버리지비율), 수익성비율, 성장성비율, 시장가치비율을 들 수 있다.

❏유동성비율

➡ 유동비율: $\dfrac{\text{유동자산}}{\text{유동부채}}$

기업의 유동성을 측정하는데 가장 보편적으로 이용된다. 일반적으로 200%가 넘으면 양호한 것으로 본다.

➡ 당좌비율 : $\dfrac{(\text{유동자산} - \text{재고자산}) = \text{당좌자산}}{\text{유동부채}}$

당좌비율은 유동자산에서 바로 현금화 할 수 없는 재고자산을 공제하고 현금, 유가증권, 매출채권만을 포함하기 때문에 기업의 즉각적인 채무상환능력을 측정한다.

❏안정성비율

➡ 부채비율 : $\dfrac{\text{부채}}{\text{자기자본}}$

자기자본에 대한 타인자본의 의존도를 측정하며, 자본구조를 반영한다. 따라서 기업이 건전한 재무상태를 유지하며 장기적으로 존속할 수 있는지를 판단하는 척도로써 이용된다.

◐ 자기자본비율 : $\dfrac{\text{자기자본}}{\text{총자본}}$

이 비율이 높을수록 기업의 재무적 안정성이 보장된다. 부채비율과 자기자본 비율의 합은 항상 1이므로 서로 역의 관계에 있다.

◐ 이자보상비율 : $\dfrac{\text{이자비용 + 세전이익}}{\text{이자비용}}$

기업의 장기채무에 대한 이자지급을 측정하기 위한 비율로 이 비율이 높을수록 영업활동으로 이자를 지급할 수 있는 능력이 많기 때문에 이자지급이 그 만큼 안전함을 의미한다.

❑ 수익성 비율

◐ 총자본 이익률 : $\dfrac{\text{당기 순이익}}{\text{총자본}}$

기업에 투하된 총자본이 얼마나 효율적으로 운용되고 있는가를 측정하는 비율로써 투자수익률(ROI)이라고도 한다.

◐ 자기자본 이익률 : $\dfrac{\text{당기 순이익}}{\text{자기자본}}$

주주가 기업에 투자한 자본에 대한 수익성의 척도로써 일반적으로 주식투자자들 사이에서 ROE라고 불리우는 수익성지표로써 널리 사용되는 비율이다.

➡ 매출액 순이익률: $\dfrac{\text{순이익}}{\text{매출액}}$

매출액에 대한 종합적인 수익성을 측정한다.

❑ 성장성 비율

➡ 매출액 증가율: $\dfrac{\text{당기 매출액} - \text{전기매출액}}{\text{전기매출액}} \times 100$

매출액이 정상적인 영업활동에서 발생하는 영업수익이므로 매출액 증가율은 기업의 외형적 신장세를 판단하는 대표적인 비율이다. 경쟁기업보다 빠른 매출액 증가율은 결국 시장점유율이 증가하였음을 의미한다. 따라서 매출액 증가율은 경쟁력 변화를 나타내는 척도의 하나이다.

➡ 총자산 증가율: $\dfrac{\text{당기말 총자산} - \text{전기말 총자산}}{\text{전기말 총자산}} \times 100$

기업의 외형적 성장규모를 측정하는데 주로 사용되는 지표이다.

➡ 자기자본 증가율: $\dfrac{\text{당기말 자기자본} - \text{전기말 자기자본}}{\text{전기말 자기자본}} \times 100$

자기자본 증가율은 장부가치 기준으로 주주의 부가 얼마나 늘었는지를 파악하는 성장지표이기 때문에 특히 주주에게 관심의 대상이 된다.

❏ 시장가치 비율

◐ 주가대장부 가치비율(PSR) : $\dfrac{\text{실제 주가}}{\text{주당 장부가치}}$

주가와 주당 장부가치를 비교하는 비율로써 주식의 장부가치보다 훨씬 낮게 거래되는 주식들은 일반적으로 과소평가되었을 가능성이 많고, 반대로 장부가치보다 훨씬 높게 거래되는 주식들은 과대평가 되었을 가능성이 많다.

◐ 토빈의 q : $\dfrac{\text{자산의 시장가치}}{\text{대체비용의 추정치}}$

q〉1 : 자본설비가 자산대체비용보다 더 큰 가치를 지니며 설비투자에 대한 동기부여를 한다.

q〈1 : 자산의 시장가치가 대체비용보다 더 낮아 투자 인센티브를 갖지 못한다.

5. 재무제표 분석의 한계

① 재무제표에 표시되어 있는 항목으로 계산하기 때문에 재무제

표가 가지고 있는 한계점을 그대로 가지고 있다.

② 기업이 속하고 있는 산업의 특성도 서로 다르다.

산업의 특성에 따라서 채택한 회계방법도 다르고, 자산구성과 자본구조, 수익성도 산업마다 차이가 있기 때문에 이러한 산업의 특성 및 규모 등을 함께 고려하여야 한다.

③ 계량화가 곤란한 상황, 예를 들면 경영자의 능력, 조직의 효율성, 기술개발력 등의 중요 정보를 고려하지 못한다.

④ 감가상각법이나 재고자산처리법 등 회계처리방법이 상이한 기업간의 비율의 비교는 무의미하다.

⑤ 비율분석은 기업의 과거 정보를 이용하므로 기업의 미래가치에 대한 평가에 별 도움을 주지 못한다.

이러한 재무비율 분석의 문제점은 기업간 또는 기간간 비교가능성을 저해하는 요인이 된다. 그러므로 재무비율 분석을 이용할 때 이와 같은 한계점을 고려하여 최종평가를 하여야 할 것이다.

사이버(CYBER) 거래시대

□ "아이디(ID) 없는 사람은 주식하지 마라 "

PC통신이 발달한 이후 인터넷 걸음마 단계에 있던 우리나라도 IMF 이후 경기회복과 함께 몇 년 사이 눈에 띄게 데이터 전송속도가 빨라지면서 고성능 컴퓨터의 발달 못지 않게 인터넷 대중시대에 접어들었다.

바야흐로 1인 1아이디, 1인 1이메일(E-mail) 시대가 멀지 않을 것 같다. 무료 이메일 서비스업체도 점차 늘어나고 언제부터인지 편지를 쓰지 않게 된 것이 오래인데 더욱 편지쓰는 일이 없을 것 같다. 크리스마스 카드나 새해 연하장도 이메일로 보내는 시대가 도래하였다.

또 동창회 모임도 인터넷 홈페이지로 알리며 동기생의 소식도 회지가 아닌 인터넷을 통해 알 수 있다. 그뿐인가 은행에 가서 쓰고 찍고 하는 번거로움도 없는 홈뱅킹에다 주식거래도 객장에 나가지 않고 인터넷으로 하는 사이버 거래시대가 왔다. 사이버 DJ에 사이버 가수, 사이버 도우미, 사이버 기자까지 등장하는 세상이다.

인터넷 쇼핑도 초기단계를 벗어나 점차 품목과 질이 좋아지고

 있으며 항공권, 기차표, 극장표까지 인터넷으로 예약할 수 있는 전자상거래시대가 열리고 있다.

증권사 홈트레이딩 시스템을 이용하면 수수료가 일반거래보다 보통 80%가 저렴하다. 자주 거래하는 사람들에게는 수수료도 많은 비중을 차지한다. 수수료 절약을 위해서도 인터넷 환경을 구축해야 하지만 증권투자를 위한 기업정보와 분석을 위해서도 필수적이다.

이전과 같이 증권사 단말기에만 나오는 각종 기업공시도 인터넷으로 안방에서 조회할 수 있으며 특히 야후나 신문사 검색사이트를 이용하면 기간별·종목별 검색을 얼마든지 할 수 있어 증권사 직원에게 일일이 물어보지 않아도 자신 스스로 종목에 대한 과거 자료는 물론 예상분석자료까지 다 얻을 수 있다. 다만, 투자종목의 선택과 시기 그리고 그 결과만 증권사 직원이 담당하면 되는 것이다.

컴퓨터가 대중화·고성능화 되고 무엇보다 전송속도가 전용선, ISDN, ADSL 등 기존 저속 모뎀보다 몇 배 빠른 케이블 모뎀도 등장하고 있다 .

한 달에 드는 비용도 몇 만원 정도로 저렴하고 컴퓨터가 없더라도 국민PC가 100만원 정도면 구입이 가능하므로 그 정도의 투자는 아깝다고 생각할 때가 아니다.

□ 검색 사이트와 PC통신을 활용하라

　사람은 망각의 동물이다. 매일매일 넘쳐나는 정보홍수 시대에
살고 있다. 일일이 종이에 기록하고 스크랩하는 시대는 지나갔다.
　인터넷으로 한국은행, 민·관 경제연구소에 들어가면 거시경제
변화도 알 수 있고 뉴스도 검색할 수 있으며, 좀더 깊이 들어가견
기업분석·기술적 분석까지 다 할 수 있으므로 하루빨리 컴퓨터와
인터넷 사용법을 터득해야 한다.
　인터넷과 PC통신으로 개별 종목에 대한 재무제표를 비롯하여

유 · 무상 증자일정, 과거 공시 · 관련 뉴스 등을 한번쯤 검색하고 현 주가와 현재의 재무상태 · 기업현황 등을 알 수 있을 뿐만 아니라 증권시장의 규모 · 외국인의 매매현황 및 통계 등을 훑어보면 거의 절반은 성공한 것이라고 볼 수 있다. 나머지는 시기와 가격의 정도이다. 어렵게 느껴질 수도 있으나 공부하지 않고 돈버는 시대는 갔다고 해도 과언이 아닐 정도로 시대가 바뀌었음을 실감할 수 있다.

❑ 무료뉴스 이메일 가입하기

요즘 웬만한 국내외 신문사에서는 e-mail 회원으로 가입하면 정치 · 경제 · 사회 · 스포츠 · 오락 · 금융 · 재테크 · 증권 · 부동산 정보 등을 무료로 보내준다. 신문 읽기를 한 눈에 할 수 있기 때문에 편리하다. 또 따로 계정을 만들어서 종목별 · 관심분야별로 저장해 두었다가 수시로 확인할 수도 있으며 인쇄해서 참고자료로 활용할 수 있어 좋다.

❑ 증권정보 홈페이지

증권정보를 얻으러 객장에 갈 필요 없이 증권정보를 제공하는 포털 서비스(Portal Service)업체를 이용하면 된다. 부록편에 서비스업체 목록을 게재하였으니 상기 사이트를 북 마크(book mark)에 추가시켜 자신만의 유용한 시스템을 만들어 보는 것도 바람직

할 것이며 시행착오와 경험을 통해 개인투자자도 유능한 분석가가
될 수 있는 것이다.

❑ 투자의 성과 판단

아무리 경험이 많아도 실력은 최종수익률로 판가름이 난다. 그
리고 알고 있던 자료나 뉴스가 변하거나 취소되는가 하면 간혹 거
짓정보도 등장한다. 수익률이 잘 나지 않으면 무언가 이상이 있다
는 이야기다. 투자전략을 바꾸기 위해서라도 현재 수익률을 점검
하고 원인을 분석할 시간을 가지는 것이 꼭 필요하다.

대부분의 통신서비스업체 자료실에 들어가 보면 증권투자 수익
률을 자동으로 계산해주는 프로그램을 무료로 제공하기도 하며 엑
셀을 다룰 줄 아는 사람은 자신만의 스타일로 멋진 증권관리 프로
그램을 짜서 수익률의 성과를 이따금씩 따져 보는 것도 투자의 사
후관리와 계획적인 투자에 도움이 될 것이다. 또 실패와 성공의 원
인을 분석하는 계기가 되고 실력배양의 밑거름이 되기도 한다.

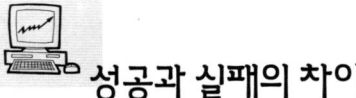 성공과 실패의 차이

1. 보이지 않으면 쉬어라

증권투자를 하다보면 종종 회의감이 들 때가 있다. 종합주가지수는 날마다 올라가는데 내 종목은 매일 보합 시세에서 정체되거나 거래마저 뚝 끊겨 불안감 마저 들기도 하고 어찌할 바를 모르게 된다. 기다려도 별반 신통치 않고 답답하기만 해서 증권을 잘 알 것 같은 주위사람에게 물어보기도 하고 고민에 빠지게 된다.

그 사이에 종합주가지수는 제법 많이 올라서 다른 종목으로 바꿔 타기도 힘들고 가격부담만 느끼게 되어 더욱 당황하게 된다.

이럴 때는 대체로 종목을 선정하게 된 뚜렷한 이유가 무엇인지 다시 생각해보고 현재의 시황과 맞는 종목인지 생각해봐야 한다. 거래량이 줄고 있다면 주식을 서서히 줄여나가 현금화해두는 것이 좋다. 실천하기가 좀 힘들고 망설여지겠지만 부분적 매도를 해나가면 마음이 한결 가벼워질 것이다.

또 시황에 맞는 종목군으로 교체하는 것도 바람직하다. 너무 늦기 전에 결정을 내리는 것이 가장 중요한데 예상치 못한 반등이 있을 지도 모르기 때문에 부분 매도가 바람직하다. 남보다 괜히 손해

보는 것 같겠지만 불안한 상태에서 벗어나 홀가분하게 시장의 흐름과 변화를 한동안 관찰해 보는 것도 심리적인 안정과 주가의 리듬을 다시 탈 수 있는 휴식의 기회가 될 수 있다. 그러다 보면 전체 장세의 흐름도 쉬어갈 때가 온다.

보이지 않으면 일정기간 쉬어라!

ㄹ. 매(買)·매(賣)·휴(休)

사실 주식 투자에 성공하는 것과 실패하는 차이는 하락기를 얼마나 잘 피해 가느냐 하는 차이라고 해도 틀린 말이 아니다. 대부분 하락으로 반전되는 전환기엔 주식에 대체로 몰리게 되고 돈전 생각에 묻어두는 것이 초보자들의 공통적인 특징이 되는 것 같다. 새로운 종목도 마땅치 않고 시황도 불투명하고 자신감 마저 줄여 돼가고 있다면 과감히 쉬라고 권하고 싶다.

사께다의 5법중 매(買)·매(賣)·휴(休) 삼법(三法)이라는 것이 있지 않은가?

손해 본 감정을 다스리지 못하고 투자자금을 더 투입해 이것 저것 다 공략하다 보면 중심을 잃을 가능성이 많다.

처음에는 현금투자를 하다가 열을 받아 미수와 신용까지 걸고 덤비다가 일을 그르치고 난감해 하는 경우도 많이 보았다. 심리적인 안정 속에서 정확한 판단이 나오는 법이다.

'쉬어 가는 것도 투자다' 라는 말이 있다. 그렇다고 원금을 다 날려 버리는 상태까지 무방비 상태로 쉬어서는 안 된다. 전열을 가다

듣고 재도전할 '때'를 기다리는 것이 필요하다. 주가는 언제나 변하고 항상 순환하는 것이어서 기회는 오게 마련이다.

3. 일년에 한 두 번은 기회가 온다

지금은 경기가 회복되고 저물가와 저금리기조 속에 있는 상황이라 주가도 대세상승기조를 이어가고 있다. 자신의 보유종목이 커다란 하자만 없다면 대체로 상승가능성이 있는 상황이다. 증시 개방이후 외국인 투자자와 기관투자가의 영향력이 커지면서 주가 차별화 장세가 심화되고 있다. 그로 인해 너무 실망하지 않기를 바란다.

경기가 둔화되었던 해에도 일년에 한 두 번쯤은 큰 폭의 상승장이 있었던 걸로 기억된다. 대부분의 우리나라 투자자는 일년 내내 먹이를 찾아 헤매는 사나운 짐승처럼 공격적이고 회전율도 선진국시장보다 훨씬 높은 편이다.

근래의 예를 들어보자. IMF 사태로 주가가 곤두박질 친 1997년 말부터 이듬해 2월까지, 8월 러시아 모라토리움 사태과 9월말 미국금리인하 이후부터 1999년 1월초까지, 뮤추얼펀드와 주식형 수익증권으로 돈이 몰리던 3월부터 대우사태가 불거진 7월까지, 미국의 세 번째 금리인상과 11월 대란설로 지수 800선마저 무너진 시점부터 현재에 이르기까지 일년에 두 차례 제법 큰 장(場)이 열렸다.

조정 국면에 들어가는 시기에도 또 다른 이슈와 테마가 형성되

어 새로운 상승종목들이 탄생하기 마련이다. 이것이 어쩌면 증권
시장의 생리며 위기와 찬스가 끊임없이 교차하는 것도 또한 증권
시장의 특징이다.

　다음 장세 땐 어떤 종목이 어떤 산업이 그리고 어떤 새로운 이슈
가 시장을 지배하게 될지 쉬는 동안 연구하는 자세가 투자자에게
는 언제나 필요한 법이다.

 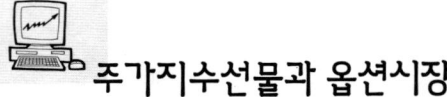

주가지수선물과 옵션시장

　1996년 5월 주가지수선물과 1997년 7월 주가지수옵션이 도입되면서 초보자들이 경제신문의 시황 읽기가 조금 어려워진 것이 사실이다. 선물과 관련된 몇 가지 정도만 알아둔다면 초보자일지라도 선물과 관련된 뉴스와 투자지표를 이해할 수 있다.

　무조건 선물과 관련된 이야기만 나오면 외면하고 나하고는 관계없는 이야기며 절대로 선물투자는 안하겠다고 하는 초보투자자가 대부분인데 사실 초보자가 선물에 투자하는 것은 위험하다. 선물에 대해서 제대로 알고 투자해야만 한다. 전문인들도 어려워하는 선물투자는 위험이 크기 때문이다. 하루 중에도 변동이 심하다.

　그러나 선물투자라고 해서 무조건 외면하지 말아야 한다. 알고보면 그리 어려운 것이 아님을 깨달을 수 있다. 신문에 가끔씩 나오는 선물시황 관련기사들 중 자주 쓰는 용어들은 알아두도록 한다.

1. 주가지수선물거래란

　주가지수선물거래는 주식시장에서 거래되는 전체주식 또는 일부 대표적인 주식들의 가격수준을 나타내는 주가지수에 대하여 미래의 특정일에 가서 특정수량을 현재시점에서 합의한 가격으로 개도 또는 매수할 것을 약속하는 거래이다.

2. 종목 및 결제일

주가지수선물의 결제월은 3, 6, 9, 12월이며 결제일은 해당 월의 두 번째주 목요일이 된다. 만약 각 결제월물의 최종거래일이 지나면 이전 결제월물은 폐지되고 새로운 결제월물이 새로 상장되어 거래가 개시되는데 항상 4개의 결제월종목이 있게 되는 구조이다.

3. 1 단위의 가격

주가지수선물의 가격은 간단히 말하면 주가지수 1포인트당 50만 원을 곱한 것이 1거래단위가 된다.

예컨대, 현재 Kospi200지수가 100포인트라면 $100 \times 500,000 =$ 5,000만원이 되고 이중 증거금률이 15%(이중 10%는 주식이나 채권과 같은 대용증권으로 납입 가능)이므로 수수료를 제외하면 대략 750만원이 주가지수선물 1계약을 매매하는데 소요되고 2계약을 매매하려면 1,500만원이 소요된다.

그러나 실제 선물이나 옵션을 개시하려면 최소한 3,000만원 이상이 있어야 하는데 전문지식이 부족한 소액투자자의 선물 및 옵션거래를 제한할 목적으로 3,000만원의 기본예탁금제도를 시행하고 있어서 사실상 간접규제를 하고 있다.

4. 일일정산과 유지증거금

또한 선물의 가격은 끊임없이 변화하기 때문에 선물계약을 이행하는데 충분한 수준을 유지할 수 있도록 일일정산제도를 시행하고 있다. 고객이 보유한 미결제약정을 매일 종가로 평가하여 그 손익을 증거금에 반영하는데 이를 일일정산이라 한다.

당초 징수한 위탁증거금에 일일정산손익을 가감한 결과 손실이 누적되어 증거금이 일정수준의 유지증거금(10%) 아래로 내려가면 다음날 12시까지 개시증거금 수준에 도달하도록 추가증거금을 징수하고 미납시 반대매매하거나 대용증권의 매도를 통해 유지증거금률을 충족시킨다.

5. 프로그램 매매

프로그램매매란 Kospi200 구성종목을 일시에 집단적으로 매매하는 것을 뜻하는데 기관투자가들의 경우 시간적으로나 물리적으로 대규모의 금액으로 특정 구성종목들(박스)을 매매할 경우 한 종목 한 종목 따로 따로 매매하지 않고 동시에 여러 종목을 한꺼번에 사거나 파는데 이것을 프로그램매매라고 한다.

6. 차익거래와 비차익거래

이것은 현물과 선물의 가격차이를 이용하는 경우와 그렇지 않은 경우가 있는데 전자를 차익거래, 후자를 비차익거래라고 한다. 시가총액 상위종목들로 구성된 바스켓 종목의 움직임이 실제로 예상과 달리 오차를 발생시키는데 이것을 우리는 트래킹에러(Tracking Error)라고 한다.

7. 콘탱고와 백워데이션

차익거래는 현선물간 가격차이(이를 베이시스라 함) 즉, 선물의 가격이 현물보다 비싼 경우에는 고평가 상태의 선물을 매도하고 대신 저평가 상태의 현물을 매수하여 일정 폭의 무위험 차익을 얻는 매매를 하는데 이런 상태를 콘탱고(Contango)라 하고 이 거래를 매수차익거래라고 한다.

반대로 선물의 가격이 현물보다 싸면 싼 선물을 사고 비싼 현물주식을 팔게 되는데 이런 상태를 백워데이션(Backwardation)이라 하고 이 거래를 매도차익거래라고 한다.

8. 전매와 환매

경제신문 증권면을 살펴보면 프로그램매수잔고가 많이 쌓여서 수급이 악화된다고 하는 기사가 자주 실린다. 바로 이것은 콘탱고

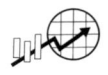

상태가 오래 지속되어 매수차익거래가 많이 발생한 경우를 말하는데, 청산할 때 즉 싼 현물을 사놓았던 것을 이제 거꾸로 팔고(전매) 팔아놓은 선물을 사놓게 되는(환매) 청산과정에서 야기되는 현물의 매도충격을 우려하는 설명인 것이다.

반대로 백워데이션 상태가 오래 지속되면 매도차익거래가 많이 쌓여 수급개선이 기대되는데 팔아놓은 현물을 되사고(환매) 사놓은 선물을 되파는(전매) 청산거래를 하게 되는 과정에서 일시적 종합지수의 상승현상을 말하는 것이다.

지금까지의 용어와 제도를 알아둔다면 선물시장과 관련된 부분은 초보자라도 어느 정도 이해할 수 있을 것이라고 판단되므로 자세한 내용은 생략하기로 한다. 단 초보자로서 선물을 실제로 매매하지는 않더라도 이 정도는 시장을 이해하기 위해서 상식적으로 알아 둘 필요가 있다.

[차익거래 잔고 추이]

(단위 : 천주, 계약, 백만원)

일자	주식 매도 주식수	주식 매도 금액	선물 매수 계약수	선물 매수 금액	증감액(주식)	주식 매수 주식수	주식 매수 금액	선물 매도 계약수	선물 매도 금액	증감액(주식)
01.07	576	12,627	217	12,178	-	50,542	1,346,188	18,128	1,141,616	98,706
01.06	576	12,627	217	12,178	-	46,732	3	16,982	1,073,811	-96,577
01.05	576	12,627	107	5,248	-	50,104	1,247,477	18,737	1,181,174	-20,038
01.04	576	12,627	107	5,248	7,295	50,703	7	19,958	1,233,819	6,503
12.28	232	5,332	107	5,248	-	50,501	1,344,054	19,535	1,230,660	157,013
12.27	232	5,332	107	5,248	-	45,452	4	16,979	1,061,269	-67,244
12.24	232	5,332	107	5,248	-	47,825	1,364,092	17,919	1,119,766	74,901
12.23	232	5,332	107	5,248	-	45,008	2	16,903	1,055,279	31,639
12.22	232	5,332	107	5,248	-	44,202	1,357,589	16,679	1,042,023	81,228
12.21	232	5,332	107	5,248	-	40,633	9	15,367	961,350	-38,772
12.20	232	5,332	107	5,248	-2,000	43,039	1,200,576	16,536	1,002,073	-75,909
12.17	321	7,332	147	7,255		45,454	6	17,640	1,070,242	29,445
12.16	321	7,332	147	7,255		44,217	1,267,820	17,559	1,066,229	68,211
12.15	321	7,332	147	7,255		41,817	0	17,206	1,045,217	64,925
12.14	321	7,332	147	7,255		37,498	1,192,919	16,396	1,026,598	196,077
12.13	321	7,332	147	7,255		30,377	9	13,761	852,106	175,820
12.10	321	7,332	147	7,255		24,439	1,161,280	11,561	705,876	46,936
12.09	321	7,332	147	7,255		23,305	0	10,788	660,690	-06,087
12.08	321	7,332	147	7,255		39,787	1,080,052	17,700	1,046,712	-29,465
12.07	321	7,332	147	7,255		41,078	2	18,459	1,088,033	-

자료 : 한국증권거래소

2000. 01. 08

[일별 프로그램 매매 현황]

(단위 : 천주, 백만원)

구 분		매 도						매 도					
		주식거래량		주식거래 대금		주식거래량		주식거래 대금					
		수량	비율	금액	비율	수량	비율	금액	비율				
차익거래	위 탁	133	0.06	4,100	0.11	1,106	0.51	31,785	0.85				
	자 기	1,744	0.80	48,586	1.31	4,579	2.12	12,525	3.31				
	합 계	1,878	0.87	52,686	1.42	5,686	2.63	154,310	4.17				
비차익거래	위 탁	1,898	0.88	67,563	1.82	4,062	1.88	113,826	3.07				
	자 기	4	–	101	–	126	0.05	3,848	0.10				
	합 계	1,902	0.88	67,665	1.83	4,188	1.94	117,675	3.18				
전체	위 탁	2,032	0.94	71,663	1.93	5,168	2.39	145,611	3.93				
	자 기	1,748	0.81	48,688	1.31	4,706	2.18	126,373	3.41				
	합 계	3,780	1.75	120,352	3.25	9,874	4.57	271,985	7.35				

자료 : 한국증권거래소

※비율은 주식시장 전체 거래량과 거래대금에 대한 백분율임.

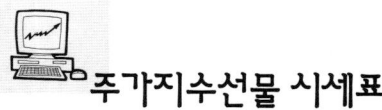

주가지수선물 시세표

1999년 6월 18일 주가지수 선물시세표

종 목①	종가②	전일 대비	시가③	고가	저가	거래량 ④	미결제 약정수량 ⑤
KOSPI 200	99.59	+0.86	99.35	101.24	98.21	11,006	–
1999년 9월물	101.60	+1.70	100.60	102.65	99.30	66,718	27,501
1999년 12월물	101.80	+0.45	101.00	101.80	101.00	2	11
2000년 3월물	102.50	–	–	–	–	–	102
2000년 6월물	105.25	△0.20	105.25	105.25	105.25	1	1

❑ 종목

◗ KOSPI 200

우리나라 선물시장에서 거래대상이 되고 있는 현물주가지수

◗ 1999년 9월물

2000년 6월물 : 6.18일 현재 선물시장에서 거래되고 있는 종목

 (일정시점에 항상 4개월 결제월물이 존재)

□ 종가, 전일대비

6월 18일 최종 거래가격 및 전일종가대비 증감폭

□ 시가 · 고가 · 저가

6월 18일 제일 먼저 거래된 가격, 장중 거래된 가격중 최고 및 최저가격

□ 거래량

6월 18일중 체결된 계약수

□ 미결제 약정수량

6월 18일 장마감 기준으로 전환매되지 않고 남아 있는 계약수

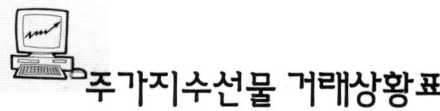

주가지수선물 거래상황표

◯ 주가지수선물 거래상황표

현재가에 가장 가까운
매수 및 매도호가

가장 최근에 거래된 가격
(기준가는 전일종가)

금일중 거래된 거래규모
( )내는 전일거래규모

거래되는 선물종목
(99년 9월물)

최근에 거래된 내역

KOSPI선물 ▲ 9909(10199)		시가	약정가	대비	매도	매수	약정수량
현재가(대비) ◀	01.60(▲1.70)	후장	101.60	1.70	101.65	101.60	0
기 준 가	99.90	15:15	101.60	1.70	101.65 ▼	101.60	14
매 도 호 가	101.65 ▶	15:15	101.60	1.70	101.15	101.05	36
매 수 호 가	101.60	15:15	101.60	1.70	101.15	101.05	17
		15:15	101.60	1.70	101.15	101.05	17
약정수량(계약)	66,718 ▶ (88,982)	15:15	101.60	1.70	101.15	101.05	20
약정대금(백만)	3,370,629 (4,443,574)	15:15	101.60	1.70	101.15	101.05	20
▲ 미결제약정수량	27,501 (1,695)	매도건수	매도수량	호가		매수수량	매수건수
시 가	100.60 (09:00)	3	5	101.85			
고 가	102.65 (09:34)	8	138	101.80			
저 가▲	99.30 (14:00)	4	7	101.75			
상 한 / 하 한	109.85 / 89.95	10	17	101.70			
	(+10%) (-10%)	6	20	101.65			
C.B가격기준	104.85 / 94.95			101.60		12	5
C.B괴리율기준 ▶	(+3.0%) (-3.0%)			101.55		11	5
KOSPI 200	99.59 (0.86)			101.50		123	53
이 론 가 격	101.02 ▶			101.45		3	2
괴 리 율 (%)	0.57			101.40		10	7
이론/시장BASIS	1.43 / 2.01	234	3,162	총계		4,269	536
		-	-	선택대비		-	-
거래개시일:98/09/11 최종거래일:99/09/09			잔존일수 : 84			X : 기 세	
최고 99/06/17	최저 ('98/10/12)		38.60			# : 이론가	

현재 전환매되지 않고 남아
있는 계약수
( )내는 전일 대비 증감

단일중 시가, 고가, 저가

단일중 가격제한폭 및
Circuit Rreakers 발동가격

현재 투자자들의
주문상황

현재 KOSPI 200현물가격,
이론가격 및 이론가격과의 괴리율

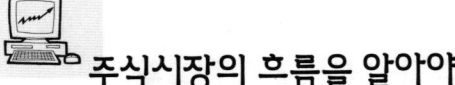

주식시장의 흐름을 알아야

테마주의 흐름

　주식시장에 대한 매매제도와 증시의 변화를 어느 정도 알게 되면 대부분 실전투자에 들어가게 된다. 아무 것도 모르고 시작하는 초보투자자가 성공하는 케이스도 많지만 반면에 실패를 하게 되는 경우도 많다. 일반적으로 주가가 크게 오르면서 신문지상에서 떠들석하게 대두될 때 일반인들도 주가에 대한 경계심이 허물어지면서 너도나도 뒤늦게 주식매수에 나서게 되는데 자신이 감당할 수 있는 위험이 얼마나 되는지 제대로 직시하고 투자하는지 우려가 될 때가 많다. 상승 초기이거나 또는 1차적인 조정이 마무리 된 뒤에 매수하는 것은 괜찮다. 그러므로 여기에서는 초보자로서 증권투자에 대한 시각과 매매전략을 간추려 보고자 한다.

❏ 테마나 증시저변에 면면이 이어지는 주가의 흐름을 알아야 한다

　가령 외환위기와 같은 비상시기에 금리가 높아지고 환율이 상승추세에 있다면 환율상승으로 인한 혜택은 어느 업종이 유리한지 생각해 보자. 수출업종이 아무래도 내수업종보다 각광을 받게 된다. 금리가 높으므로 투자자는 재무상태가 우량한 기업을 선호하게 되고 부채비율이 높은 기업은 투자자들이 기피하게 된다. 내수에 치중하는 기업들도 마찬가지이다. 특히 외환이 부족한 시기였으므로 수출비중이 높고 선진국시장에서 수입이 늘어나게 되는 업종이 매수유망종목에 해당할 것이다. 또 금리가 낮다면 전반적으로 영업외수지가 좋아지게 되므로 시장 전체에 호재가 되겠지만 선도업종은 업종별로 순환하게 된다.

대체로 전년도 1년을 바라볼 때 경기회복의 가시화와 기관 및 외국인의 매수비중이 커지면서 우량주이면서 시가총액비중이 높은 대형 블루칩이 줄곧 선도하여 왔으며 1999년 말에는 밀레니엄이라는 세기말적 특수성과 새 천년에 대한 미래성장성에 대한 이슈가 세계증시의 테마가 이루어지면서 정보통신과 인터넷 관련주가 증시를 크게 주도하였다. 경기회복의 가시화가 가속화되고 소비심리가 높아지면 내수업종이 유망 할 것이다. 또 경기관련주가 주된 흐름이라면 이에 해당하는 업종 중에서 종목을 골라야 할 것이다. 주도주의 질적인 분석과 상호 공통된 재료 등을 정리하고 이와 같은 관점에서 종목을 선택한다면 절반은 성공이라 할 수 있다. 그만큼 증권투자는 증시의 흐름을 간파하는 것이 다른 무엇보다 중요하다.

❏ 매매타이밍 포착에 주력하라

아무리 선도주와 주도주라 하더라도 타이밍이 좋지 않으면 실패

하게 되고 그로 인한 투자자의 마음 고생도 심하게 될 수 있는데, 기술적 제반 지표를 참고적으로 활용하여 되도록 너무 늦게 동참하지 않는 것이 필수적인 성공조건이 된다.

거래량 골든 크로스(golden-cross)가 발생하면서 재료가 당대 선도주와 흐름을 같이 할 수 있는 것인지 등을 확인하면서 되도록 상승전환 초기에 편승하고 상승추세에 이상이 없는지를 주시하면서 분위기가 고조된 이후에는 첫 반락에 매도하는 것이 대체로 무난하다.

또 일일변동폭이 크므로 목표한 수익을 달성하면 일단 이익을 실현하고 증시흐름의 변화를 관찰하는 것이 좋다. 위험관리도 되고 적정기간과 가격의 조정단계를 거치는 과정에서 첫 상승에 재매수하는 것이 바람직하다.

그러나 진짜 선도 업종의 주도주라면 매수타이밍을 곧잘 놓치게 되어 팔고서 도로 채워놓지 못하게 되는 경우가 비일비재해 낭패를 볼 수 있으므로 그런 경우는 상승추세의 지속적인 유지여부와 거래량을 잘 살펴나가는데 주목하는 것이 오히려 잔재주 부리는 것보다 훨씬 더 낫다. 지나치게 고가권에서 거래량이 많다면 반락이 가까워진다고 볼 수 있기 때문에 거래량 변화에도 주의를 기울이는 것이 좋다.

□ 시세에 순응하라

당대의 주도주라고 하더라도 과매수(oversold) 단계에 이르면 주가가 이전과 같이 오르지 못하고 내리막을 걷게 되는데 이때 일차적 반락 이후 반등의 강도가 중요하다. 많은 거래량을 동반하면서 차익매물을 소화해내는 주가흐름이 유지된다면 주가는 다시 상승하게 되지만 그렇지 못하면 하락의 길을 걷게 된다. 따라서 목표한 수익률에 미달하고 예상대로 움직여 주지 않는다면 미련없이 주식을 팔아야 한다. '시세에 순응하라' 라는 증시 격언이 있듯이 고집스럽게 본전 생각에 붙들고 있다가는 불안감을 이기지 못해 객관적인 판단력을 잃게 된다. 무엇보다도 현금화를 통하여 새로운 주가의 흐름에 순응하는 것이 절대적으로 필요하며 더 중요한 것은 심리적인 안정감을 찾는 것이다.

❑ 파는 것이 사는 것보다 더 중요하다

주가는 변한다. 주식은 사는 것보다 파는 것이 중요하다. 종목선정과 타이밍이 잘 맞아 높은 수익을 내더라도 컴퓨터상의 화면이나 증권회사에서 교부하는 잔고용지에 표기되어 있는 계좌 잔고상의 증가액은 내 것이 아니라고 생각하는 것이 좋다. 팔아서 현금화가 이뤄진 다음이라야 비로소 내 것이 된다. 돈 좀 벌었다고 미리부터 이 돈으로 무엇을 할 것인가 부푼 상상 끝에 매듭도 짓기 전에 평소 사고 싶은 것 다 사고 해외여행에 심지어 할부로 고가품까지 구입하는 사례가 많다. 그러나 주가가 소리없이 내리게 되면 최고시세에 못 팔게 된 것을 억울하게 여기게 되고 다시 상승하기를 기다리다가는 주가는 어느사이 내려와 원래 위치에 이르게 되

는 경우도 많은데 그때는 투자자로서는 더더욱 억울해서 못 팔게 되어 원금마저 잃게 되는 경우도 자주 목격하게 된다. 회사내용이 좋고 경기도 회복세일 때는 덜하지만 경기마저 하락하게 되고 종목내용도 좋지 않으면서 시장도 질이 나빠진다면 하향추세로 전환하게 되어 점점 헤어나기가 어려워진다. '구슬이 서말이면 무엇하나? 꿰어야만 보배인 것이다.'

☐ 가끔씩 주변을 둘러 보라

주식투자나 사람의 욕심은 비슷하다. 알키메데스의 원리처럼 목욕통 속에 많은 사람이 뛰어들고 분위기가 고조될 때 물이 넘쳐나듯 반락하는 경우가 보통이다. 주가가 높을수록 반락시기에 대해 경계심을 늦추지 않는 것이 꼭 필요하다. 우리가 가끔씩 대중목욕탕에 갔을 때 많은 사람들의 주관심사가 무엇인지 알아 보라. 미장원에 갔을 때 손님들의 화제거리가 무엇인지 가끔 파악해 보라. 평소 주식에 전혀 관심이 없는 사람들까지도 주식에 관심을 나타내고 시장의 분위기가 그 곳까지 무르익었다면 반락이 가까이 왔다고 보아도 될 것이다. 반대로 그 곳에서 "주식은 끝났어……"라든가 "주식으로 망한 사람이 한 둘이 아니야……." "이거야 원! 내일이라도 주식 다 팔아 치워야지!……." 등의 분위기가 조성되고 있다면 주가는 바닥이 멀지 않았다는 신호로 여겨도 좋다고 생각한다. 시작이 있으면 끝이 있고 끝이 있으면 새로운 시작이 있다. 주가는 사계절이 변하듯 소리없이 변한다.

❏ 최종판단은 혼자서 하라

이 책을 통해서 여러 번 강조한 사항이다. 대개 주변사람의 조언을 듣고서 증권을 시작하게 된다. 종목선택에 있어서도 자신의 의지와는 거리가 있지만 주변의 경험 많은 사람을 통해서 사게 되고 팔게 된다. 자신이 해봐야 잘 안 맞고 하루종일 주식을 지키고 있을 수도 없는 노릇이니 어쩔 수 없다고 할 수 있다. 그러다 보니 조언자의 도움이 없으면 집 잃은 미아(迷兒)가 된다.

스스로 주가의 흐름이나 시장의 변화에 대해서 이해하려는 노력이 필요하다. 이제는 개인투자자도 주식에 대해서 공부를 해야만 살아 남을 수 있는 투자시대이다. 세계경제도 하루가 다르게 변한다. 초보시절에는 좋은 안내자가 있어야 좋다. 그러나 점점 시장에 대해서 의존적인 태도가 되면 하락시기에 헤어나지 못하는 경우가 많다. 그러므로 최종판단은 자신이 내릴 수 있는 안목과 자신만의 투자방법을 확립할 필요가 있다.

❏ 부실 주는 손대지 마라 (우량주를 선택하라!)

시장의 열기가 고조되면 우량고가주가 움직이다가 하위권에 주목받지 못한 부실저가주가 움직이고 수익률도 상대적으로 저가주가 높아진다. 그러나 시장의 질이 상승추세 후반에서 부실저가주가 오른다는 것은 전반적인 조정이 임박한 징후로 보아도 된다. 특정국면을 제외하고 어느 국면이건 즉 경기 회복기이건 불황기이건

간에 부실주나 악성 재료가 있는 종목군 이른바 구설수에 오른 종목은 매매대상에서 아예 제외하는 것이 좋다고 본다. 관리종목에 있는 많은 회사들이 왜 부도가 났겠는가?

□ 신문의 증권면만 보지 마라

초보자 중에는 신문기사 중에서 증권면만 보는 사람이 많다. 최근의 시황은 잘 파악하면서 과거의 흐름을 등한시하는 때가 많은데 지나간 정보는 무용지물인 것 같으나 균형 잡힌 시황관을 가지려면 과거도 알아야 한다. 그것을 상기시켜주는 것이 바로 신문의 경제문제에 대한 사설이다.

사설은 객관적인 입장에서 일침을 놓을 때도 있거니와 폭락이 거듭될 때에도 이성을 찾는 등대가 되기도 한다.

다음으로 산업면과 국제면도 중요한데 산업의 특성과 국제시장의 흐름도 증시를 이해하는데 있어서 좋은 참고서이다. 종목발굴의 단초를 제공하는 것도 여기서 출발하는 경우가 많기 때문이다.

□ 분할 매수와 분할 매도를 실천하라

주가가 내리면 하염없이 내릴 것 같고 올라가면 끝없이 올라 갈 것 같은 지나친 공포심과 낙관에 휩싸여 주식매수와 매도 타이밍을 놓치기 쉽다. 이것을 극복하기 위해서는 바닥권에서 탐색매매를 위해 조금씩 나누어 매수하면서 방향을 타진하고 고가권에서는 분할 매도를 통하여 불확실성을 줄여나가는 방법이 가장 초보자가 극복하기 쉬운 방법이 된다고 볼 수 있다.

한번에 사고 파는 것이 수익률이 훨씬 좋을 수도 있으나 초보자 입장에서는 불안감을 극복하는 차원에서 3등분 매매가 좋다.

세 번에 나누어 팔고 세 번에 나누어 사는 전략이 무난하다고 본다. 강세장에서는 오르는 주식을 사는 것이 내리는 주식보다 오를 확률이 높다. 그러나 가격부담 때문에 대체로 외면하게 되는데 분할 매수를 한다면 조금 용이할 것이다.

❏ 매매 차익은 일정부분 따로 떼어놓아라 !

주식은 채권과 달리 하루에도 등락이 심한 위험 상품이다. 주식 투자에 성공하는 비결은 한번에 큰 돈을 잃지 않는 것이다. 조금씩 자주 잃는 것은 문제가 안 된다.

주가는 예상과 달리 거꾸로 움직이는 경우가 수없이 많고 사람의 욕심에는 한이 없어서 객관적인 시각을 잃을 때도 많아 미래를 대비한 예비자금을 마련해 두는 것이 좋다.

급변하는 장세에 대한 위험회피도 되고 절호의 기회가 내 앞에 왔을 때 그 기회를 잡을 수 있기 위해서는 주식을 살 수 있는 자금이 필요한데 오래 전에 물려버린 주식을 팔고 그 기회를 사기에는 위험에 대한 대가가 너무 크다.

누구에게나 일년에 한 두 번은 기회가 온다! 일정부분을 평소 조금씩 떼어 비상금을 준비해 두는 것이 심리적 안정감을 가지는게

좋을 뿐만 아니라 이러한 안정감을 바탕으로 복잡하고 변화 무쌍한 증권시장의 보이지 않는 질서와 원리를 알게 되고 '높이 나는 새처럼' 넓고 멀리 보는 여유가 생기기 때문이다.

나스닥(NASDAQ) : 인텔, 마이크로소프트, 야후 등 첨단벤처기업이 상장되어 있는 시장으로 거래량 기준으로 뉴욕증권거래소에 이어 세계 2번째이며 특별한 거래장소가 없는 컴퓨터네트워크에 의한 온라인거래시스템시장이다.

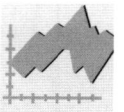

부 록

기　　　관	주　　　소
한국은행	www.bok.or.kr
증권거래소	www.kse.or.kr
코스닥거래소	www.kosdaq.or.kr
증권협회	www.ksda.or.kr
한국증권금융	www.ksfc.co.kr
한국증권연구원	www.ksri.org
증권예탁원	www.ksd.or.kr
한국증권학회	dure.net/ ~ksa
투신협회	www.kitca.or.kr
LG경제연구원	www.lgeri.com
대우경제연구원	www.dweri.re.kr
삼성경제연구소	www.seri-samsung.org
대신경제연구소	www.deri.co.kr
산업연구원	www. kiep.re.kr
한국대외경제정책연구원	www.kiep.go.kr
한국경제 연구소	www.keri.org
현대경제연구원	kdiux.kdi.re.kr
한국개발연구원	www.kif.re.kr
한국금융연구원	www.kif.re.kr
KDI	epic.kdi.re.kr

신문사 사이트

신문사	주　　소
매일경제신문	www.mk.co.kr
서울경제신문	www.korealink.co.kr
한국경제신문	www.ked.co.kr
전자신문	www.etnews.co.kr
조선일보	www.chosun.com
중앙일보	www.joongang.co.kr
동아일보	www.dongailbo.co.kr
경향신문	www.khan.co.kr
한겨레신문	www.hani.co.kr

회사	주　　소	기본 예탁금
L G	www.lgline.com	
건 설	www.kese.co.kr	
교 보	www.kyobotrade.co.kr	
굿모닝	www.goodcyber.co.kr	50만원
동 부	www.tuja.co.kr	
동 양	www.myasset.com	
동 원	www.homnet.co.kr	
대 신	www.daishin.co.kt	100만원
대 우	www.securities.co.kr	
대 유	www.drs.co.kr	
부 국	www.bookook.co.kr	
삼 성	www.cyberstock.co.kr	
신 영	www.shinyoung.com	100만원
신 한	www.shcyber.com	
신 흥	www.shs.co.kr	
세 종	www.cybertrading.co.kr	
서 울	www.seoulstock.co.kr	100만원
유 화	www.yhs.co.kr	
일 은	www.ileun.co.kr	
조 흥	www.chts.co.kr	
하 나	www.hanastock.co.kr	
한 빛	www.hanvitsec.co.kr	
한 양	www.hynet.co.kr	
한 진	www.hanjinsec.co.kr	
한 화	www.koreastock.co.kr	
현 대	www.stockmarket.co.kr	

증권정보 전문 사이트

이　　름	주　　소
머니풀	www.moneypool.co.kr
팍스캐피털	www.paxcapital.com
인포스탁	www.infostock.co.kr
인베스트먼트카페	www.hum-net.com
STOCKKOREA	www.stockkorea.com
대유투자자문	www.dae-yu.com
미래증권정보	channel.shinbiro.com/@fit
모닝콜증권정보	www.morningstock.chollian.net

투자자들에게 가장 유용한 정보와 상담을 연결해주는 사이트는 어디일까? 미국의 금융전문 주간지 배런스와 아시아 월스트리트 저널(AWSJ)은 네티즌과 투자자들을 대상으로 실시한 설문조사를 토대로 올해 가장 유용한 투자정보를 제공한 '베스트 10' 사이트를 소개했다.

@머니센트럴(moneycentral.com) 마이크로소프트사(MS)에서 운영하는 것으로 투자자들에게 가장 인기있는 사이트다. 머니센트럴은 유용성과 투자중개 등 2가지면에서 아메리카 온라인(AOL)과 퀵건과 경쟁을 벌이고 있다.

이 사이트는 증권과 관련된 내용이 체계적으로 잘 꾸며져 있고 도표와 그래프, 애널리스트 정보 등도 알기쉽게 만들어져 초보 투자자들에게도 큰 도움을 주고 있다.

@아메리카온라인 퍼서널 파이낸스 채널 이것은 기술적으로 웹사이트는 아니지만 AOL의 인기있는 온라인 패키지의 일부분이다. 하지만 AOL이 전세계적으로 1,870만명의 가입자를 확보하고 있기 때문에 퍼서널 파이낸스 채널을 절대 무시할 수 없다.

취급하는 것은 AOL이 서비스하는 것과 함께 모닝스타와 모틀리풀, 멀택스 등이 제공하는 투자정보가 주류를 이루고 있다. 이 채널은 특히 현실경제를 한눈에 파악할 수 있도록 시장관련 비즈니스를 비롯해 퇴직이후 투자를 자세히 소개하고 있다. 증권과 뮤추얼펀드도 잘꾸며졌다는 평가를 받고 있다.

@퀵건(www.quicken.com) 정보화시대가 본격화되기 시작한 지난 80년대초 이후 복잡하게 얽히고 설킨 개인금융을 특화해 다루고 있다. 속도면에서 다소 느리지만 콘텐츠와 외양이 보기좋아 머니센트럴과 거의 쌍벽을 이루고 있다.

시장의 동향과 코트폴리오를 빠르게 보거나 깊이있는 분석을 원하는 사람이라면 이 사이트를 찾아보는 것도 괜찮을 듯 싶다. 초보자나 투자에 지친 사람들에게 퀵건은 편안한 느낌을 줄만큼 리서치 데이터를 알기쉽게 풀이해주고 있다.

@CNN fn(cnnfn.com) TV방송사들의 웹사이트는 공중파방송 프로그램을 만드는 것보다 섬세한 기술과 장비가 필요하기 때문에 일반적으로 뒤떨어지는 것으로 인식되고 있지만 cnnfn은 그렇지 않다.

이 사이트는 금융뉴스가 앞면을 장식하고 있고 TV에서 방영되지 못한 고급정보들이 실려 있다. 특히 시장정보는 방송사 취급하는 이점을 살려 글로벌하게 심층분석돼 실려 있다.

@모닝스타(morning star.com) 지난 3년간 톱10에 들만큼 투자자들이 즐겨찾는 사이트이다. 모닝스타는 풍부한 분석자료와 규칙적인 뉴스를 리얼타임(실시간)으로 보여주고 있다. 특히 그날의 핫뉴스를 띄워 투자에 참고가 될 수 있도록 편의를 제공하고 있다. 한달 사이트 접속료는 9.95달러로 연간 99달러이다.

@CBS 마켓워치(cbs marketwatch.com) CBS와 데이터 브로드케스트가 합작해 만든 사이트로 후버스와 빅차트 등과 같은 수많은 업체들에게서 콘텐츠 도움을 받고 있다.

@야후! 파이낸스(quote.yahoo.com) 3년째 '빅10'에 진입한 사이트로 최고의 투자상담사로 자리를 굳히고 있다. 라이코스와 익사이트와 경쟁을 벌이고 있는 야후 파이낸스는 미국을 비롯해 세계 금융시장 동향을 상세히 소개하고 있다.

@더스트리트(www.thestreet.com) 이 사이트는 출발 초기부터 투자자문으로 명성을 날리고 있는 제임스 크레머 등을 두고 명석한 컨설팅을 해주고 있다. 특히 뮤추얼 펀드와 국제뉴스 등을 별도의 섹션으로 운영하고 있다.

@모틀리 풀(ww.fool.com) 이용자 편익을 고려한 새로운 디자인을 갖추고 투자자들의 토론의 장을 제공해 인기를 끌고 있다. 무엇보다 모틀리 사이트는 이용자들이 재미를 느낄 수 있도록 정보제공 방식이 차별화되고 있다.

@실리콘 인베스터(www.siliconinvestor.com) 가장 오래된 웹사이트중 하나인 실리콘 인베스터는 투자의견을 쉽고 빠르게 교환할 수 있는 '투자게시판'으로 잘 알려져 있다. 이 사이트는 최근 무료 이메일 계정과 개인 캘린더(일정) 서비스를 제공하기 시작했다.

〈매일경제신문 기사중에서 〉

미국 예일대와 영국 옥스포드대에서 수학한후 지난 40년 템플턴 도브로우 & 밴스사를 만들어 증권투자에 본격적으로 나선 야래 국제시장에서 신화적인 수익률을 올려 지난 87년 엘리자베스 영국여왕으로부터 작위까지 받은 인물입니다. 그의 간결하면서도 핵심을 찌르는 격언들은 투자자 여러분들에게도 좋은 참고가 될 것으로 기대됩니다.

1. 항상 마음을 열어 두라 (Keep on opening mind)

특정 종목이나 투자방식 만을 고집해서는 안 된다. 항상 열린 마음을 가지고 현재의 주가나 투자방식에 대해서도 유연하면서도 회의적인 자세를 유지하라. 오늘의 인기종목이 내일 非인기 종목으로 전락할 수 있다는 점을 늘 명심해야 한다.

2.. '대중을 따르지 마라' (Never follow the crowd)

다른 사람들과 같은 종목을 같은 시기에 투자한다면, 그 사람들과 같은 결과밖에 얻지 못한다. 남들과 다르게 투자해야만 더 나은 성과를 얻을 수 있다. 모두가 팔려고 할 때 사고, 사려고 할 때 팔려면 대단한 용기와 인내가 요구되지만 이를 통해 더 높은 수익을 올릴 수 있게 된다.

3. 실패를 통해 배워라(Learn from your mistakes)

투자에는 실수가 따르기 마련이다.

그러나 실수를 피해가기 위해 투자 자체를 하지 않는다면, 그 자체가 무엇보다도 가장 큰 실수이다. 중요한 것은 과거의 실수를 통해 배우고 같은 실수를 반복하지 않는 것이다. "이번만은 다르겠지" 라는 막연한 생각에 투자를 하다가는 비싼 대가를 치를 수 있다.

4. 비관론 팽배할 때 투자하라 (Buy during times of pessimism)

강세장은 비관론 속에서 싹이 트고 회의론 속에서 자라나 낙관론과 함께 성숙하여 행복감이 최고조에 달했을 때 사라진다. 비관론이 최고조에 달했을 때가 바로 주식 매수의 적기이며, 반대로 낙관론이 최고조에 이르렀을 때가 주식 매도의 적기이다.

5. 모든 것은 변한다(Everything changes)

강세 장과 약세 장은 일시적이게 마련이다. 주ㅋㅁ가는 대체로 경기 흐름보다 앞서 변화하는데 하강하는 경기가 바닥을 치기 1개월~1년 전부터 상승하고, 반대로 최고점에 이르기 전에 하락하기 시작한다.

특정 산업이나 특정 종목이 투자자들에게 인기가 높다 하더라도 이것 역시 일시적이게 마련이다. 인기를 좇아 투자하다 손해를 보면 만회하는데 몇 년이 걸릴 수도 있다.

6. 가치 있고 값싼 주식을 찾아라

7. 인기를 피해 투자하라(Avoid the popular)

특정 투자방식이 인기를 얻고 있다면 다른 투자 방식을 모색해야 한다. 너무 많은 투자자들이 한 가지 투자방식을 선택하면 그 방식은 제대로 효과는 발휘하지 못할 뿐만 아니라 자칫 투자를 실패로 이끌 수 있다.

❖ 주요 경제지표
Principal Economic Indicators

년 월 During	총통화(M₂) Money(M2) (연월평잔) Average(Year or Month) (억원) 100 Mill.won	증감율 Change (%)	무 역 수 지 (통관액) Foreign Trade(Customs clearance)			국제수지 Balance of Payment (Current account) (경상수지) (백만불) Mill. $	물 가 지 수 Prices		전국실업률 Unemployment rate (%)
			수 출 Export (백만불) Mill. $	수 입 Import (백만불) Mill. $	무역수지 trade Balance (백만불) Mill. $		생산자 Producer (1995=100)	소비자 Consumer (1995=100)	
1988	428,930	18.8	60,696	51,811	8,886	14,505	14.6	64.5	2.5
1989	507,931	18.4	62,377	61,465	912	5,360	96.0	68.2	2.6
1990	515,761	21.2	65,016	69,844	-4,828	-2,003	100.0	74.0	2.4
1991	730,240	18.6	71,870	81,525	-9,655	-8,317	104.7	80.9	2.3
1992	864,918	18.4	76,632	81,775	-5,144	-3,943	107.0	86.0	2.4
1993	1,025,786	18.6	82,236	83,800	-1,564	990	108.6	90.1	2.8
1994	1,186,027	15.6	96,013	102,348	-6,335	-3,867	111.6	95.7	2.4
1995	1,369,511	15.5	125,058	135,119	-10,061	-8,508	100.0	100.0	2.0
1996	1,591,908	16.2	129,715	150,339	-21,624	-23,005	103.2	104.9	2.0
1997	1,898,195	19.2	136,164	144,616	-8,452	-8,167	107.2	109.6	2.6
1998	2,258,291	19.2	132,313	93,282	39,031	40,558	120.3	117.8	6.8
1998. 1	2,051,945	16.1	9,000	7,482	1,518	3,039	119.3	116.2	4.5
2	2,060,374	13.8	11,222	7,885	3,337	4,132	122.3	118.2	5.9
3	2,067,035	13.7	12,009	8,288	3,722	3,648	122.0	118.0	6.4
4	2,070,608	13.1	12,061	8,209	3,852	3,646	122.1	118.4	6.6
5	2,113,201	14.8	11,308	7,586	3,722	4,086	120.8	117.8	6.8
6	2,182,240	18.1	11,509	7,746	3,763	3,390	120.7	117.3	7.0
7	2,255,562	20.0	10,024	7,091	2,932	3,840	120.1	117.3	7.6
8	2,312,556	20.8	9,709	7,118	2,591	2,119	119.3	117.7	7.3
9	2,403,389	21.1	10,748	7,253	3,496	3,867	119.3	118.2	7.2
10	2,487,782	26.4	10,634	7,648	2,986	2,750	119.4	118.6	7.1
11	2,530,739	26.1	11,670	8,327	3,343	2,865	119.2	118.2	7.2
12	2,565,674	21.5	12,419	8,649	3,770	3,077	118.5	118.0	7.9
1999. 1	2,592,347	26.3	9,260	8,629	632	2,202	117.2	117.9	8.5
2	2,675,997	29.9	9,338	7,635	1,703	1,821	117.0	118.4	8.6
3	2,763,970	33.7	11,661	9,305	2,356	2,170	116.8	118.6	8.0
4	2,786,369	34.6	11,506	9,087	2,419	1,642	117.1	118.9	7.1
5	2,758,827	30.6	11,435	9,454	1,982	2,080	117.6	118.7	6.4
6	2,780,801	27.4	12,894	10,190	2,704	2,429	116.8	118.0	6.2
7	2,800,658	24.2	11,827	9,764	2,063	2,795	116.6	117.6	6.2
8	2,888,538	24.9	11,393	9,860	1,533	1,413	117.4	118.8	5.7
9	3,048,669	26.9	12,012	10,152	1,860	n.a	118.0	119.1	n.a

자료 : 통계청 인터넷(www.nso.go.kr), 증권협회, 한국은행, Bloomberg

주) P : 잠정치

환율(1) Exchange rates (년월말) End of Year or Month (₩/US$)	시중은행(2) 정기예금 Interest Rate on Time Deposits (1년이상%)	회사채등 수익율(평균) Bond Yield			해외금리 Foreign Interest Rates				년 월 During
		회사채 Coporate Bonds (3년, %) (3Y)	C D (3월, %) Certificate of Deposits (3M)	국공채 Gov. & Public Bonds (5년주택채) (5Y)	T-Bill (3월) (3M)	T-Bond (30년) (30Y)	LIBOR US$(3월) (3M)	¥(3월) (3M)	
684.1	10.0	14.18	–	13.02	8.38	9.00	9.31	4.69	1988
679.6	10.0	15.17	–	14.39	7.58	7.98	8.38	6.94	1989
716.4	10.0	16.48	–	15.27	6.45	8.23	7.56	8.18	1990
760.8	10.0	18.89	18.60	16.70	3.86	7.39	4.25	5.63	1991
788.4	10.0	16.21	16.41	13.17	3.08	7.40	3.44	3.81	1992
808.1	8.5	12.63	12.96	11.96	3.00	6.25	3.38	2.13	1993
788.7	8.5-10.0	12.92	13.29	13.46	5.47	7.88	6.50	2.44	1994
774.7	7.5-10.0	13.79	14.05	9.24	5.51	5.95	5.63	0.50	1995
844.2	9.8	11.87	12.63	11.44	5.38	6.64	5.56	0.49	1996
1,415.2	12.6	13.39	13.39	15.32	5.24	5.93	5.81	0.79	1997
1,207.8	9.1	–	7.70	–	–	–	5.07	–	1998
1,572.9	15.8	23.36	23.10	16.58	5.62	5.81	5.63	0.79	1998 1
1,640.1	16.4	19.78	22.46	15.25	5.19	5.62	5.68	0.81	2
1,378.8	17.1	18.94	22.60	15.20	5.71	5.94	5.71	0.71	3
1,338.2	17.2	18.10	20.26	15.20	4.94	6.08	5.72	0.61	4
1,410.8	16.4	17.89	18.28	15.20	4.89	5.55	5.69	0.55	5
1,385.2	14.9	16.64	16.93	14.26	5.13	5.63	5.72	0.66	6
1,236.0	12.3	13.72	13.98	12.25	5.09	5.71	5.69	0.65	7
1,331.8	10.8	12.38	11.19	11.69	4.92	5.26	5.63	0.63	8
1,373.6	10.3	12.51	10.38	11.85	5.31	4.97	5.31	0.45	9
1,313.8	9.8	10.01	8.08	9.78	4.35	–	5.22	0.40	10
1,243.7	9.2	9.60	7.70	8.72	4.56	5.06	5.28	0.42	11
1,207.8	9.1	8.30	7.70	7.59	4.49	5.10	5.07	0.54	12
1,175.3	8.8	7.89	7.00	7.53	4.48	5.19	4.97	0.48	1999 1
1,222.4	8.8	8.56	6.70	8.56	4.68	5.58	5.03	0.27	2
1,224.7	8.5	8.55	6.56	8.23	4.49	5.63	5.00	0.19	3
1,176.4	7.8	7.56	6.16	7.28	4.55	5.66	5.00	0.14	4
1,186.3	7.4	8.32	6.17	8.15	4.66	5.83	5.07	0.09	5
1,155.9	7.6	8.06	6.28	8.19	4.79	5.96	5.37	0.13	6
1,206.9	n.a	8.58	6.75	8.37	4.75	6.11	p 5.34	p 0.10	7
1,184.9	n.a	9.88	7.19	9.21	n.a	n.a	p 5.52	p 0.09	8
1,218.7	n.a	10.41	7.54	9.78	n.a	n.a	p 6.08	p 0.24	9

(1) 환율은 한국은행 원달러 기준환율임

(2) 1년 이상 2년 미만 정기예금 금리(1998년 12월 5일 이전에는 1년 이상 정기예금 금리)이며 1996년 7월 이후에는 가중평균금리임

❖ 증권거래소시장 총괄
Key Statistics for Listed Stocks of KSE

년월말	회사수 No. of Listed Cos. (사)	종목수 No. of Listed Issues (종목)	주 식 수 No. of Listed Shares (천주) 1,000 Shares	상장자본금 Capital stock Listed (억원) 100 Mil.won	시 가 총 액 Total Market Value (억원) 100 Mil.Won	%	거래대금(합계) Trading Value(total) (억원) 100 Mil.Won	%	거래량(합계) Trading Volum(total) (천주) 1,000 shares	%
1988	502	970	2,511,383	125,604	645,437	-	581,206	-	3,037,603	-
1989	626	1,284	4,242,305	212,115	954,768	47.9	811,996	39.7	3,397,630	11.9
1990	669	1,115	4,796,327	239,816	790,197	-17.2	534,545	-34.2	3,162,093	-6.9
1991	686	1,013	5,101,927	255,096	731,178	-7.5	625,649	17.0	4,094,382	29.5
1992	688	1,014	5,412,932	270,647	847,120	15.9	906,244	44.8	7,064,209	72.5
1993	693	1,045	5,760,143	288,007	1,126,653	33.0	1,699,181	87.5	10,398,402	47.2
1994	699	1,089	6,880,511	344,026	1,512,172	34.2	2,297,720	35.2	10,911,205	4.9
1995	721	1,122	7,609,406	380,470	1,411,514	-6.7	1,429,141	-37.8	7,656,032	-29.8
1996	760	1,143	8,598,375	429,919	1,173,700	-16.8	1,426,422	-0.2	7,785,416	1.7
1997	776	958	9,030,747	451,537	709,889	-39.5	1,622,815	13.8	12,125,338	55.7
1998	748	925	11,443,672	548,656	1,377,985	94.1	1,928,452	18.8	28,533,107	135.3
1998. 1	776	952	9,088,309	454,415	1,062,138	49.6	189,656	45.2	2,235,535	23.1
2	776	951	9,406,727	470,336	1,084,770	2.1	204,140	7.6	1,914,905	-14.3
3	776	948	9,664,064	477,716	938,198	-13.5	157,231	-23.0	1,831,167	-4.4
4	776	951	10,022,157	490,561	828,145	-11.7	95,138	-39.5	1,260,878	-31.1
5	773	949	10,116,399	490,119	660,579	-20.2	80,579	-15.3	1,305,166	3.5
6	772	948	10,365,832	505,872	607,144	-8.1	82,624	2.5	1,637,960	25.5
7	762	937	10,582,054	515,242	714,740	17.7	123,494	49.5	2,293,683	40.0
8	760	936	10,776,102	519,284	646,728	-9.5	88,216	-28.6	1,850,521	-19.3
9	760	936	10,802,822	519,960	650,493	0.6	94,052	6.6	1,810,007	-2.2
10	752	926	11,055,408	532,264	895,593	3.8	145,888	55.1	2,562,930	41.6
11	750	926	11,089,605	538,825	1,007,705	12.5	230,471	58.0	4,336,085	69.2
12	748	925	11,443,672	548,656	1,377,985	36.7	436,963	89.6	5,494,270	26.7
1999. 1	738	921	12,027,295	576,400	1,453,283	5.5	452,716	3.6	5,018,495	-8.7
2	731	915	11,939,336	572,066	1,344,726	-7.5	195,276	-56.9	2,386,683	-52.4
3	729	920	12,567,329	602,906	1,662,250	23.6	375,991	92.5	4,117,736	72.5
4	731	924	13,855,042	651,180	2,115,245	27.3	752,365	100.1	6,677,753	62.2
5	729	926	14,370,391	673,490	2,090,216	-1.2	594,085	-21.0	5,037,892	-24.6
6	732	930	15,040,008	702,770	2,592,740	24.0	742,261	24.9	5,271,640	4.6
7	729	928	16,118,691	744,141	2,979,738	14.9	1,194,078	60.9	8,337,417	58.2
8	735	935	16,665,903	762,960	3,004,604	0.8	927,955	-22.3	6,645,130	-20.3
9	735	935	16,541,265	753,758	2,692,682	-10.4	761,116	-18.0	5,409,304	-18.6

자료 : 한국증권거래소(주식)

주 : ① %는 전년(월) 대비 증감비율임.

❖ 코스닥시장 총괄
Key Statistics for KOSDAQ Registered Stocks

년월말	회사수 No. of Listed Cos. (사)	종목수 No. of Listed Issues (종목)	주 식 수 No. of Listed Shares (천주) 1,000 Shares	상장자본금 Capital stock Listed (억원) 100 Mil.won	시 가 총 액 Total Market Value (억원) 100 Mil.Won	%	거래대금(합계) Trading Value(total) (억원) 100 Mil.Won	%	거래량(합계) Trading Volum(total) (천주) 1,000 shares	%
1988	27	45	6,312	324	576	-	43	-	486	-
1989	47	74	20,671	1,056	2,153	273.8	135	214.0	1,624	234.2
1990	66	104	39,655	2,034	4,261	97.9	117	-13.3	1,216	-25.1
1991	77	110	169,669	8,577	13,401	214.5	88	-24.8	911	-25.1
1992	126	169	291,681	14,701	22,122	65.1	1,015	1,053.4	14,627	1,505.6
1993	209	278	536,059	27,111	35,800	61.8	1,406	38.5	20,743	41.8
1994	310	413	651,992	33,081	79,580	122.3	3,320	136.1	23,525	13.4
1995	340	454	757,993	38,851	73,382	-7.8	3,774	13.7	32,173	36.8
1996	331	438	613,753	31,018	76,061	3.7	5,351	41.8	35,418	10.1
1997	359	408	719,475	34,947	70,685	-7.1	11,662	117.9	47,191	33.3
1998	331	350	1,167,115	54,078	78,922	11.7	16,072	37.8	205,653	335.8
1998. 1	361	372	721,221	35,035	76,536	8.3	1,290	10.7	7,601	-15.9
2	360	371	720,941	35,021	76,556	0.0	1,733	34.3	9,944	30.8
3	358	373	724,641	35,006	76,037	-0.7	2,382	37.4	8,763	-11.9
4	351	369	725,941	34,648	66,290	-12.8	701	-70.6	4,158	-52.6
5	353	371	762,490	34,776	57,669	-13.0	498	-29.0	4,481	7.8
6	352	368	773,852	34,784	55,218	-4.3	1,950	291.6	13,972	211.8
7	351	367	774,223	34,785	51,687	-6.4	601	-69.2	11,424	-18.2
8	334	349	710,816	31,612	45,897	-11.2	438	-27.1	12,252	7.2
9	335	350	720,094	32,023	45,119	-1.7	801	82.9	11,716	-4.4
10	335	351	692,717	30,388	47,029	4.2	1,062	32.6	19,551	66.9
11	334	351	1,166,576	54,071	66,076	40.5	1,686	58.8	44,697	128.6
12	331	350	1,167,115	54,078	78,922	19.4	2,930	73.8	55,908	25.1
1999. 1	329	333	1,168,775	54,786	78,725	-0.2	3,296	12.5	64,324	15.1
2	329	334	1,183,691	55,535	74,882	-4.9	2,876	-12.7	64,431	0.2
3	328	332	1,228,514	56,871	84,987	13.5	3,555	23.6	76,969	19.7
4	335	341	1,376,078	62,360	133,449	57.02	13,526	280.5	162,278	110.8
5	339	348	1,583,913	70,848	206,631	54.84	21,051	55.6	164,895	1.6
6	345	354	1,668,931	73,873	254,822	23.32	51,080	142.6	329,500	99.8
7	340	350	1,780,001	77,172	280,942	10.25	66,679	30.54	405,066	22.93
8	354	366	2,203,457	86,698	314,888	12.08	47,694	-28.47	457,539	12.95
9	361	374	2,466,043	93,871	287,974	-8.55	30,805	-35.41	401,427	-12.26

자료 : 한국증권업협회
주 : ① %는 전년(월) 대비 증감 비율임.

❖ 증권거래소시장 종합주가지수
Trends of Stock Price Index(KSE)

년월말	연 월 초 Beginning of Year or Month	연 월 말 End of Year or Month	등 락 폭 Fluctuation Range	등락율 Fluctuation Rate	연월중최고 High	일자 Date	연월중최저 Low	일자 Date	연월간평균 Average	%
1988	532.04	907.20	375.16	70.5	922.56	12/14	527.89	1/5	693.14	–
1989	919.61	909.72	-9.89	-1.1	1,007.77	4/1	844.75	12/11	918.60	32.5
1990	908.59	696.11	-212.48	-23.4	928.82	1/4	566.27	9/17	747.00	-78.7
1991	679.75	610.92	-68.83	-10.1	763.10	8/6	586.51	12/23	657.13	-12.0
1992	624.23	678.44	54.21	8.7	691.48	2/8	459.07	8/21	587.15	-10.7
1993	697.41	866.18	168.77	24.2	874.10	12/17	605.93	3/6	728.15	24.0
1994	879.32	1,027.37	148.05	16.8	1,138.75	11/8	855.37	4/2	965.70	32.6
1995	1,013.57	882.94	-130.63	-12.9	1,016.77	10/14	847.09	5/27	934.92	-3.2
1996	888.85	651.22	-237.63	-26.7	986.84	5/7	651.22	12/27	883.40	-5.5
1997	653.79	376.31	-277.48	-42.4	792.29	6/17	350.68	12/12	654.48	-25.9
1998	385.49	562.46	176.97	45.91	579.86	12/15	280.00	6/16	406.07	-38.0
1998. 1	385.49	567.38	181.89	47.2	567.38	1/31	385.49	1/3	475.24	21.8
2	543.68	558.98	15 30	2.8	558.98	2/28	471.73	2/17	525.21	10.5
3	574.35	481.04	-93.31	-16.3	574.35	3/2	481.04	3/31	523.01	-0.4
4	468.22	421.22	-47.00	-10.1	494.89	4/13	402.39	4/28	444.22	-15.1
5	406.53	332.03	-74.50	-18.3	406.53	5/2	311.99	5/26	356.32	-19.8
6	336.70	297.88	-38.82	-11.5	345.88	6/8	280.00	6/16	313.26	-2.1
7	315.56	343.33	27.77	8.8	365.18	7/20	301.37	7/13	327.79	4.6
8	337.49	310.16	-27.33	-8.10	337.49	8/1	291.15	8/18	312.80	-4.6
9	309.71	310.32	0.61	0.20	338.95	9/10	291.93	9/23	312.15	-0.2
10	305.64	403.44	97.80	32.00	403.44	10/31	305.22	10/8	358.79	14.9
11	404.61	451.88	47.27	11.68	464.01	11/25	400.70	11/11	429.17	19.6
12	445.96	562.46	116.50	26.12	579.86	12/15	445.96	12/1	524.72	22.3
1999. 1	587.57	571.43	-16.14	-2.75	640.95	1/11	531.23	1/26	597.62	13.9
2	581.67	520.06	-61.61	-10.59	581.67	2/1	498.42	2/24	532.97	-10.8
3	533.97	618.98	85.01	15.92	618.98	3/31	532.29	3/4	586.17	10.0
4	636.89	752.59	115.70	18.17	793.98	4/27	636.89	4/1	721.12	23.0
5	756.53	736.02	-20.51	-2.71	814.24	5/10	695.60	5/24	745.41	3.4
6	753.72	883.00	129.28	17.15	903.05	6/28	753.72	6/1	841.37	12.9
7	919.98	969.72	49.74	5.41	1,027.93	7/9	872.94	7/26	971.43	15.5
8	959.81	937.88	-21.93	-2.28	975.45	8/4	868.94	8/18	933.07	-3.9
9	905.52	836.18	-69.34	-7.66	980.91	9/13	836.18	9/30	926.88	-0.7

자료 : 한국증권거래소(주식)

주 : ① 상장주식 종합주가지수 기준시점→1980. 1. 4=100

　　② %는 전년(월) 대비 증감비율임.

❖ 코스닥시장 종합주가지수
Trends of Stock Price Index(KOSDAQ)

년월말	연 월 초 Beginning of Year or Month	연 월 말 End of Year or Month	등 락 폭 Fluctuation Range	등락율 Fluctuation Rate	연월중최고 High	일자 Date	연월중최저 Low	일자 Date	연월간평균 Average	%
1988	-	-	-	-	-	-	-	-	-	-
1989	-	-	-	-	-	-	-	-	-	-
1990	-	-	-	-	-	-	-	-	-	-
1991	-	-	-	-	-	-	-	-	-	-
1992	-	-	-	-	-	-	-	-	-	-
1993	-	-	-	-	-	-	-	-	-	-
1994	-	-	-	-	-	-	-	-	-	-
1995	-	-	-	-	-	-	-	-	-	-
1996	100.00	120.47	20.47	20.5	128.65	11/8	100.00	7/1	118.33	-
1997	119.51	97.25	-22.26	-18.6	137.19	8/9	95.07	12/24	124.11	4.9
1998	98.39	75.18	-23.21	-	107.61	3/12	60.70	10/7	79.65	-35.8
1998. 1	98.39	103.12	4.73	4.8	103.12	1/31	93.35	1/9	98.41	-2.0
2	100.79	103.27	2.48	2.5	103.27	2/28	96.33	2/12	99.34	0.9
3	105.22	103.06	-2.16	-2.1	107.61	3/12	99.60	3/24	103.81	4.5
4	101.84	.90.60	-11.24	-11.0	101.84	4/1	88.53	4/28	95.16	-8.3
5	90.92	78.29	-12.63	-13.9	90.92	5/2	78.29	5/30	85.14	-10.5
6	79.69	74.67	-5.02	-6.3	80.93	6/8	73.48	6/16	76.88	-9.7
7	75.83	69.81	-6.02	-7.9	75.85	7/2	69.81	7/31	72.66	-5.5
8	70.15	63.76	-6.39	-9.1	70.15	8/1	63.48	8/29	67.27	-7.4
9	62.83	61.03	-1.80	-2.9	62.83	9/1	61.01	9/25	61.58	-8.5
10	64.15	63.94	-0.21	-0.3	64.50	10/27	60.70	10/7	62.60	1.7
11	63.11	64.13	1.02	1.6	65.07	11/26	61.59	11/7	63.18	0.9
12	64.04	75.18	11.14	17.4	75.58	12/15	63.86	12/4	69.73	10.4
1999. 1	76.40	76.16	-0.24	-0.3	77.96	1/18	73.78	1/25	75.50	8.3
2	79.40	72.30	-7.10	-8.9	80.10	2/2	70.87	2/24	75.70	0.3
3	73.49	79.79	6.30	-8.57	81.17	3/15	72.57	3/5	77.32	2.1
4	81.08	119.10	38.02	46.89	119.10	4/30	81.08	4/1	101.75	31.60
5	127.59	145.48	17.89	14.02	145.48	5/31	121.87	5/21	131.82	29.55
6	143.94	179.55	35.61	24.74	184.56	6/23	138.64	6/4	163.55	24.07
7	185.40	192.97	7.57	4.08	214.81	7/20	183.98	7/26	200.79	22.77
8	190.17	200.96	10.79	5.67	207.15	8/25	176.50	8/18	191.73	-4.51
9	190.07	157.12	-32.95	-17.34	193.10	9/6	157.12	9/30	179.95	-6.14

자료 : 한국증권업협회

주 : ① 코스닥 등록주식 종합주가지수 기준시점→1996. 7. 1=100
　　② %는 전년(월) 대비 증감비율임.

❖ 주요국 주가지수 비교
Major Foreign Stock Price Indexes

년 월 During	KOSPI(한국) (1980.1.4=100)	%	DOW JONES(미국) (1928.10.1=240.01)	%	NIKKEI225(일본) (1949.5.16=176.21)	%	FT-100(영국) (1983.12.31=1000)	%	DAX(독일) (1987.12.31=1000)	%
1988	907.20	72.8	2,168.60	11.9	30,159.00	39.9	1,793.4	4.7	1,327.87	32.8
1989	909.72	0.3	2,753.20	27.0	38,915.87	29.0	2,422.7	35.1	1,790.37	34.8
1990	696.11	-23.5	2,633.66	-4.3	23,848.71	-38.7	2,143.4	-11.5	1,398.23	-21.9
1991	610.92	-12.2	3,168.83	20.3	22,983.77	-3.6	2,493.1	16.3	1,577.98	12.9
1992	678.44	11.1	3,301.11	4.2	16,924.95	-26.4	2,846.5	14.2	1,545.05	-2.1
1993	866.18	27.7	3,754.09	13.7	17,417.24	2.9	3,418.4	20.1	2,266.68	46.7
1994	1,027.37	18.6	3,834.44	2.1	19,723.06	13.2	3,065.5	-10.3	2,106.58	-7.1
1995	882.94	-14.1	5,117.12	33.5	19,868.15	0.7	3,689.3	20.3	2,253.88	7.0
1996	651.22	-26.2	6,448.27	26.0	19,361.35	-2.6	4,118.5	11.6	2,888.69	28.2
1997	376.31	-42.2	7,908.25	22.6	15,258.74	-21.2	5,135.5	24.7	4,249.69	47.1
1998	562.46	49.5	9,181.43	16.1	13,842.17	-9.3	5,882.6	14.5	5,002.39	17.7
1998. 1	567.38	50.8	7,906.50	0.02	16,628.47	9.0	5,458.5	6.3	4,440.38	4.5
2	558.98	-1.5	8,545.72	8.1	16,831.67	1.2	5,767.3	5.7	4,709.83	6.1
3	481.04	-13.9	8,799.81	3.0	16,527.17	-1.8	5,932.2	2.9	5,102.35	8.3
4	421.22	-12.4	9,063.37	3.0	15,641.26	-5.4	5,928.3	-0.1	5,107.44	0.1
5	332.03	-21.2	8,899.95	-1.8	15,670.78	0.2	5,870.7	-1.0	5,569.08	9.0
6	297.88	-10.3	8,952.02	0.6	15,830.27	1.0	5,832.5	-0.7	5,897.44	5.9
7	343.33	15.3	8,883.29	-0.8	16,378.97	3.5	5,837.0	0.1	5,873.92	-0.4
8	310.16	-9.7	7,539.07	-15.1	14,107.89	-13.9	5,249.4	-10.1	4,833.89	-17.7
9	310.32	0.1	7,842.62	4.0	13,406.39	-5.0	5,064.4	-3.5	4,474.51	-7.4
10	403.44	30.0	8,592.10	9.6	13,564.51	1.2	5,438.4	7.4	4,671.12	4.4
11	451.88	12.0	9,116.55	6.1	14,883.70	9.7	5,743.9	5.6	5,022.70	7.5
12	562.46	24.5	9,181.43	0.7	13,842.17	-7.0	5,882.6	2.4	5,022.39	-0.4
1999. 1	571.43	1.6	9,358.83	1.9	14,499.25	4.7	5,896.0	0.2	5,159.96	3.1
2	520.06	-9.0	9,306.58	-0.6	14,367.54	-0.9	6,175.1	4.7	4,911.81	-4.8
3	618.98	19.0	9,786.16	5.2	15,836.59	10.2	6,295.3	1.9	4,884.20	-0.6
4	752.59	21.6	10,789.04	10.2	16,701.53	5.5	6,552.2	4.1	5,393.11	10.4
5	736.02	-2.2	10,559.74	-2.1	16,111.65	-3.5	6,226.2	-5.0	5,069.83	-6.0
6	883.00	20.0	10,970.80	3.9	17,529.74	8.8	6,318.5	1.5	5,378.52	6.1
7	969.72	9.8	10,655.15	-2.9	17,861.86	1.9	6,231.9	-1.4	5,101.87	-5.1
8	937.88	-3.3	10,829.28	1.6	17,436.56	-2.4	6,246.4	0.2	5,270.77	3.3
9	836.18	-10.8	10,336.95	-4.5	17,605.46	1.0	6,029.8	-3.5	5,149.83	-2.3

자료 : Bloomberg
주 : 각국 지수는 연월말 수치임.

HANG SENG(홍콩)	%	STRAITS TIMES(싱가폴)	%	KOSDAQ(한국)	%	JASDAQ(일본)	%	NASDAQ(미국)	%	년 월
(1964.7.31=100)	%	(1966.12.31=100)	%	(1996.7.1=100)	%	(1991.10.28=100)	%	(1971.2.1=100)	%	During
2,687.44	16.7	853.65	24.1	–	–	–	–	381.38	15.4	1988
2,836.57	5.5	1,165.96	36.6	–	–	–	–	454.82	19.3	1989
3,024.55	6.6	947.49	-18.7	–	–	–	–	373.84	-17.8	1990
4,297.33	42.1	1,214.54	28.2	–	–	72.52	–	586.34	56.8	1991
5,512.39	28.3	1,240.34	2.1	–	–	44.07	-39.2	676.95	15.5	1992
11,888.39	115.7	2,086.73	68.2	–	–	53.32	21.0	776.82	14.8	1993
8,191.04	-31.1	1,853.98	-11.2	–	–	60.87	14.2	751.96	-3.2	1994
10,073.39	23.0	1,917.17	3.4	–	–	54.14	-11.1	1,052.14	39.9	1995
13,451.45	33.5	1,991.68	3.9	120.47	–	47.08	-13.0	1,291.03	22.7	1996
10,722.76	-20.3	1,507.65	-24.3	96.73	-19.7	27.68	-41.2	1,570.35	21.6	1997
10,048.58	-6.3	1,392.73	-7.6	75.18	-22.3	28.24	2.0	2,192.69	39.6	1998
9,252.36	-13.7	1,274.24	-15.5	102.20	5.7	31.88	15.2	1,619.36	3.1	1999. 1
11,480.69	24.1	1,507.85	18.3	101.65	-0.5	31.36	-1.6	1,770.51	9.3	2
11,518.68	0.3	1,484.39	-1.6	103.06	1.4	29.57	-5.7	1,835.68	3.7	3
10,383.68	-9.9	1,354.06	-8.8	90.60	-12.1	29.32	-0.8	1,868.41	1.8	4
8,934.56	-14.0	1,167.52	-13.8	79.07	-12.7	29.36	0.1	1,778.87	-4.8	5
8,543.10	-4.4	1,009.20	-13.6	74.67	-5.6	28.41	-3.2	1,894.74	6.5	6
7,936.20	-7.1	1,014.96	0.6	69.81	-6.5	29.87	5.1	1,872.39	-1.2	7
7,275.04	-8.3	856.43	-15.6	63.76	-8.7	26.66	-10.7	1,499.25	-19.9	8
7,883.46	8.4	939.65	9.7	61.03	-4.3	24.98	-6.3	1,693.84	13.0	9
10,154.94	28.8	1,204.62	28.2	63.38	3.9	23.77	-4.8	1,771.39	4.6	10
10,402.32	2.4	1,416.55	17.6	64.13	1.2	27.61	16.2	1,949.54	10.1	11
10,048.58	-3.4	1,392.73	-1.7	75.18	17.2	28.24	2.3	2,192.69	12.5	12
9,506.90	-5.4	1,428.14	2.5	76.16	1.3	30.31	7.3	2,505.89	14.3	1999. 1
9,858.49	3.7	1,411.91	-1.1	72.30	-5.1	34.49	13.8	2,288.03	-8.7	2
10,942.20	11.0	1,518.31	7.5	79.79	10.4	40.82	18.4	2,461.40	7.6	3
13,333.20	21.9	1,886.19	24.2	119.10	49.3	46.60	14.2	2,542.85	3.3	4
12,147.12	-8.9	1,903.86	0.9	145.48	22.1	42.71	-8.3	2,470.52	-2.8	5
13,532.14	11.4	2,167.70	13.9	179.55	23.4	58.17	36.2	2,686.12	8.7	6
13,186.86	-2.6	2,145.77	-1.0	192.97	7.5	61.44	5.6	2,638.49	-1.8	7
13,482.77	2.2	2,117.17	-1.3	200.96	4.1	66.66	8.5	2,739.35	3.8	8
12,733.24	-5.6	2,021.93	-4.5	157.12	-21.8	73.22	9.8	2,746.16	0.2	9

❖ 상장주식 거래대금 및 주가평균
Trends of Trading Value & Stock Price Average(KSE)

년 월 During	연월간합계 Trading Value total		일평균 Average	일 간 최 대 High		일 간 최 소 Low		종합단순주가평균 Stock Price Average		종합가중주가평균 Stock Price Average	
	(억원) (100 mil.won)	%	(억원) (100 mil.won)	(억원) (100 mil.won)	일자 Date	(억원) (100 mil.won)	일자 Date	(Arithmetic)	%	Weighted	%
1988	581,206	–	1,984	6,8363	12/13	541	7/16	–	–	–	–
1989	811,996	39.7	2,810	8,595	12/22	814	10/21	–	–	–	–
1990	534,545	-34.2	1,837	5,235	1/25	331	7/30	–	–	–	–
1991	625,649	17.0	2,143	9,729	7/30	347	6/1	–	–	–	–
1992	906,244	44.8	3,082	10,567	11/9	713	7/18	15,043	–	13,625	–
1993	1,699,181	87.5	5,740	14,260	12/9	233	8/13	18,630	23.8	16,616	22.0
1994	2,297,720	35.2	7,763	16,847	1/31	2,901	3/5	24,081	29.3	21,310	28.2
1995	1,429,141	-37.8	4,878	12,211	9/19	1,437	5/27	24,923	3.5	19,547	-8.3
1996	1,426,422	-0.2	4,868	15,053	4/1	1,979	6/29	24,233	-2.8	17,187	-12.1
1997	1,622,815	13.8	5,558	13,574	5/2	1,900	1/3	23,043	-4.9	13,600	-20.9
1998	1,928,452	18.8	6,604	33,015	12/16	1,654	4/25	11,898	-48.4	10,671	-21.5
1998. 1	189,656	45.2	8,621	17,057	1/16	2,477	1/3	14,629	12.3	9,837	20.7
2	204,140	7.6	8,506	12,424	2/6	4,509	2/14	16,395	12.1	10,914	10.9
3	157,231	-23.0	6,047	11,328	3/3	3,376	3/21	16,069	-2.0	10,674	-2.2
4	95,138	-39.5	3,659	5,699	4/13	1,654	4/25	13,972	-13.0	8,885	-16.8
5	80,579	-15.3	3,357	4,926	5/28	1,659	5/9	10,322	-26.1	6,991	-21.3
6	82,624	2.5	3,443	5,491	6/18	1,936	6/13	9,080	-12.0	6,155	-12.0
7	123,494	49.5	4,750	8,938	7/21	1,979	7/11	9,391	3.4	6,465	5.0
8	88,216	-28.6	3,529	5,114	8/20	2,125	8/29	9,094	-3.2	6,100	-5.6
9	94,052	6.6	3,617	5,897	9/10	1,856	9/5	9,269	1.9	6,056	-0.7
10	145,888	55.1	6,079	10,649	10/16	2,870	10/1	10,023	8.1	7,055	16.5
11	230,471	58.0	9,219	16,296	11/20	5,144	11/7	11,190	11.6	8,641	22.5
12	436,963	89.6	21,848	33,015	12/16	9,798	12/1	13,340	19.2	10,671	23.5
1999. 1	452,716	3.6	22,636	32,172	1/7	13,648	1/25	15,229	14.2	12,652	18.6
2	195,276	-56.9	11,487	17,908	2/2	7,701	2/24	14,258	-6.4	11,344	-10.3
3	375,991	92.5	17,091	24,855	3/17	9,904	3/4	15,280	7.2	12,575	10.9
4	752,365	100.1	35,827	29,452	4/27	22,708	4/1	18,130	18.7	15,076	19.9
5	594,085	-21.0	29,704	47,203	5/6	15,637	5/24	19,624	8.2	14,950	-0.8
6	742,261	24.9	33,739	44,128	6/8	21,629	6/1	20,789	5.9	16,632	11.3
7	1,194,078	60.9	54,276	68,305	7/30	42,506	7/15	21,908	5.4	19,013	14.3
8	927,955	-22.3	42,180	55,978	8/25	28,790	8/20	20,058	-8.4	18,134	-4.6
9	761,116	-18.0	38,056	48,549	9/22	27,908	9/20	18,998	-5.3	17,978	-0.9

자료 : 한국증권거래소(주식)

주 : ① %는 전년(월) 대비 증감비율임.

❖ 코스닥 등록주식 거래대금 및 주가평균
Trends of Trading Value & Stock Price Average(KOSDAQ)

년 월 During	연월간합계 Trading Value total		일평균 Average	일 간 최 대 High		일 간 최 소 Low		종합단순주가평균 Stock Price Average		종합가중주가평균 Stock Price Average	
	(억원) (100 mil.won)	%	(억원) (100 mil.won)	(억원) (100 mil.won)	일자 Date	(억원) (100 mil.won)	일자 Date	(Arithmetic)	%	Weighted	%
1988	43	-	0.1	-	-	-	-	-	-	-	-
1989	135	214.0	0.5	-	-	-	-	-	-	-	-
1990	117	-13.3	0.4	-	-	-	-	-	-	-	-
1991	88	-24.8	0.3	-	-	-	-	-	-	-	-
1992	1,015	1,053.4	3.5	-	-	-	-	-	-	-	-
1993	1,406	38.5	4.8	-	-	-	-	-	-	-	-
1994	3,320	136.1	11.2	-	-	-	-	-	-	-	-
1995	3,774	13.7	12.9	-	-	-	-	-	-	-	-
1996	5,351	41.8	18.3	117	10/22	1	2/3	24,640	-	11,620	-
1997	11,662	177.9	39.9	197	12/24	1	1/3	25,075	1.8	13,011	12.0
1998	16,072	37.8	55.0	1,342	6/26	4	8/1	-	-	-	-
1998.1	1,290	10.7	58.6	105	1/23	25	1/3	17,722	-12.5	10,084	0.6
2	1,733	34.3	72.2	201	2/25	29	2/7	17,565	-0.9	10,219	.3
3	2,382	37.4	91.6	549	3/4	16	3/21	16,706	-4.9	10,617	3.9
4	701	-70.6	26.9	89	4/1	8	4/25	15,546	-6.9	9,679	-8.8
5	498	-29.0	20.8	52	5/28	6	5/9	14,042	-9.7	8,266	-14.6
6	1,950	291.6	78.0	1,342	6/26	9	6/5	13,226	-5.8	7,438	-10.0
7	601	-69.2	23.1	191	7/21	5	7/4	12,655	-4.3	6,950	-6.6
8	439	-27.1	17.5	40	8/21	4	8/1	12,250	-3.2	6,684	-3.8
9	801	82.5	30.8	75	9/23	10	9/29	12,072	-1.5	6,263	-3.3
10	1,062	32.6	44.3	116	10/10	8	10/1	11,868	-1.7	6,421	2.5
11	1,686	58.8	67.4	146	11/19	13	11/7	11,486	-3.2	5,857	-3.8
12	2,930	73.8	146.5	318	12/24	69	12/2	11,657	1.5	6,151	5.0
1999.1	3,296	12.5	164.8	266	1/14	103	1/27	12,277	5.3	6,733	3.5
2	2,876	12.7	169.2	566	2/2	70	2/26	12,879	4.9	6,653	-1.2
3	3,555	23.6	161.6	337	3/25	54	3/4	12,606	-2.1	6,747	1.4
4	13,526	280.5	664.1	1,158	4/30	237	4/1	13,187	4.6	8,550	25.7
5	21,051	55.6	1,052.5	1,517	5/6	617	5/3	16,517	25.3	11,192	30.9
6	51,080	142.6	2,321.8	3,694	6/16	1,021	6/4	27,517	66.6	14,099	25.0
7	66,679	30.5	3,030.9	3,819	7/12	2,346	7/6	30,381	10.4	17,125	21.5
8	47,694	-28.5	2,167.9	2,671	8/25	1,710	8/31	26,287	-13.5	15,943	-3.9
9	30,805	-35.4	1,540.3	2,601	9/22	1,135	9/28	20,766	-21.0	13,260	-13.8

자료 : 한국증권업협회
주 : ① %는 전년(월) 대비 증감 비율임.
　　② 96년 단순/가중주가평균은 7월~12월간의 6개월치임.

❖ 투자자별 상장주식 거래 현황
Stock Trading Value By Type of Investors

년 월 During	총거래대금 Total Trading Value (억원) (100 mil.won)	증권회사 Securities Cos. (억원) (100 mil.won)	%	기관투자가 Institutional Investors (억원) (100 mil.won)	%	기타법인 Others Cos. (억원) (100 mil.won)	%	개 인 Individuals (억원) (100 mil.won)	%	외국인 Foreigners (억원) (100 mil.won)	%
1992	1,812,462	86,511	4.8	173,511	9.6	10,447	0.6	1,509,376	83.3	32,617	1.8
1993	3,398,327	381,496	11.2	457,126	13.5	23,254	0.7	2,451,372	72.1	85,079	2.5
1994	4,594,263	434,912	9.5	915,269	19.9	35,703	0.8	3,095,640	05.5	112,739	4.4
1995	2,858,128	204,971	7.2	559,717	19.6	69,649	2.4	1,884,928	66.0	138,863	4.9
1996	2,852,518	161,134	5.6	461,459	16.2	58,159	2.0	2,000,035	70.1	171,731	6.0
1997	3,245,629	144,383	4.4	421,369	13.0	63,292	2.0	2,399,603	73.9	216,982	6.7
1998	3,856,905	130,458	3.4	343,034	8.9	110,451	2.9	2,984,804	77.4	288,158	7.5
1998.1	379,312	11,467	3.0	45,449	12.0	8,373	2.2	282,404	74.5	31,619	8.3
2	408,279	14,402	3.5	47,327	11.6	6,381	1.6	299,114	73.3	41,055	10.1
3	314,462	15,091	4.8	34,623	11.0	5,556	1.8	230,539	73.3	28,653	9.1
4	190,276	9,301	4.9	17,340	9.1	2,055	1.1	144,790	76.1	16,790	8.8
5	161,157	5,119	3.2	12,321	7.6	2,389	1.5	123,441	76.6	17,887	11.1
6	165,248	4,897	3.0	13,343	8.1	4,836	2.9	129,251	78.2	12,921	7.8
7	246,988	8,169	3.3	20,388	8.3	4,470	1.8	196,159	79.4	17,802	7.2
8	176,432	4,423	2.5	10,732	6.1	3,550	2.0	144,167	81.7	13,560	7.7
9	188,104	6,098	3.2	13,683	7.3	7,407	3.9	146,926	78.1	13,990	7.4
10	291,775	11,065	3.8	25,696	8.8	13,010	4.5	218,488	74.9	23,517	8.1
11	460,942	16,297	3.5	36,688	8.0	18,852	4.1	359,558	78.0	29,548	6.4
12	873,926	241,504	27.6	65,420	7.5	33,571	3.8	709,966	81.2	40,817	4.7
1999.1	905,431	21,403	2.4	58,370	6.4	19,656	2.2	727,352	80.3	58,370	6.4
2	390,551	12,567	3.2	27,571	7.1	12,982	3.3	314,085	80.4	23,347	6.0
3	751,983	31,316	4.2	75,310	10.0	23,621	3.1	576,932	76.7	44,804	6.0
4	1,491,730	45,928	3.1	165,661	11.1	41,235	2.8	1,164,151	78.0	74,755	5.0
5	1,187,899	32,872	2.8	142,379	12.0	28,032	2.4	916,141	77.1	68,476	5.8
6	1,484,523	53,808	3.6	256,091	17.3	42,014	2.8	1,052,583	70.9	80,028	5.4
7	2,388,155	65,295	2.7	346,541	14.5	54,652	2.3	1,798,329	75.3	123,338	5.2
8	1,855,909	43,261	2.3	217,828	11.7	51,223	2.8	1,457,485	78.5	86,112	4.6
9	1,522,233	44,071	2.9	196,231	12.9	35,310	2.3	1,164,478	76.5	82,142	5.4

자료 : 한국증권거래소(주식)

주 : ① 총거래대금은 연(월)간 매도 및 매수금액의 합계액

② %는 연(월)간 총액대비 투자자별 거래대금의 비율

③ 기관투자가=보험회사, 투자신탁, 은행, 종금, 신용금고, 기금·공제회 합계액

❖ 투자자별 KOSPI 200 선물 거래 현황
Trading Value of KOSPI 200 Futures by types of Investors

년 월 During	총약정 금 액 Total Value (억원) (100 mil.won)	증권회사 Securities Cos. (억원) (100 mil.won)	%	기관투자가 Institutional Investors (억원) (100 mil.won)	%	기타법인 Others Cos. (억원) (100 mil.won)	%	개 인 Individuals (억원) (100 mil.won)	%	외국인 Foreigners (억원) (100 mil.won)	%
1992	-	-	-	-	-	-	-	-	-	-	-
1993	-	-	-	-	-	-	-	-	-	-	-
1994	-	-	-	-	-	-	-	-	-	-	-
1995	-	-	-	-	-	-	-	-	-	-	-
1996	613,798	497,260	81.0	22,468	3.7	6,146	1.0	70,274	11.5	17,650	2.9
1997	2,072,136	1,199,489	57.9	73,998	3.6	14,619	0.7	703,383	33.9	80,647	3.9
1998	8,118,068	3,432,954	42.3	289,243	3.6	126,696	1.6	4,089,088	50.4	180,088	2.2
1998. 1	314,817	122,170	38.8	21,447	6.8	3,764	1.2	158,019	50.2	9,417	3.0
2	543,805	242,729	44.6	25,026	4.6	9,439	1.7	253,162	46.6	13,449	2.5
3	570,831	271,489	47.6	26,227	4.6	8,985	1.6	245,835	43.1	18,295	3.2
4	527,432	228,049	43.2	29,148	5.5	9,200	1.7	242,528	46.0	18,507	3.5
5	434,285	160,497	37.0	16,593	3.8	6,163	1.4	235,962	54.3	15,070	3.5
6	541,829	217,467	40.1	19,836	3.7	4,794	0.9	275,359	50.8	24,373	4.5
7	796,374	289,492	36.4	25,224	3.2	9,090	1.1	449,213	56.4	23,355	2.9
8	528,778	199,733	37.8	15,083	2.9	7,040	1.3	298,664	56.5	8,258	1.5
9	589,988	273,916	46.4	13,936	2.4	5,236	0.9	276,607	46.9	20,293	3.4
10	958,322	427,504	44.6	26,541	2.8	18,565	1.9	474,614	49.5	11,099	1.2
11	1,219,367	506,796	41.6	35,387	2.9	23,042	1.9	632,562	51.9	21,607	1.8
12	1,092,240	473,858	43.4	34,795	3.2	21,357	2.0	543,077	49.7	19,152	1.8
1999. 1	905,303	383,728	42.4	44,241	4.9	23,354	2.6	434,559	48.0	19,421	2.1
2	831,432	333,042	40.1	40,995	4.9	20,668	2.5	422,297	50.8	14,429	1.7
3	1,109,832	416,223	37.5	42,889	3.9	19,424	1.8	600,582	54.1	30,714	2.8
4	1,412,004	572,392	40.5	48,720	3.5	32,456	2.3	729,673	51.7	28,763	2.0
5	1,247,069	529,251	42.4	52,660	4.2	40,798	3.3	596,419	47.8	27,941	2.2
6	1,766,208	761,657	43.1	103,642	5.9	45,607	2.6	808,322	45.8	46,979	2.7
7	1,670,479	702,722	42.1	134,476	8.1	29,671	1.8	745,257	44.6	58,353	3.5
8	1,572,212	638,587	40.6	146,329	9.3	36,633	2.3	701,241	44.6	49,422	3.1
9	1,390,905	600,038	43.1	114,191	8.2	29,972	2.2	595,250	42.8	51,454	3.7

자료 : 한국증권거래소(주식)
주 : ① 각 수치는 매도, 매수의 합계금액
　　② %는 연(월)간 총액대비 투자자별 약정금액의 비율
　　③ 기관투자가=보험회사, 투자신탁, 은행, 종금, 신용금고, 기금·공제회 합계액

❖ 외국인 주식투자현황
Foreigners' Investment in Domestic Shares

년 월 During	투 자 등 록 자 수 No. of Investment Registration			주 식 투 자 자 금 유 출 입 Foreign Capital for Stock Investment			
	기 관 Institution	개 인 Individual	계 Total	유 입 Inflow (백만달러) (Mil. $)	유 출 Outflow (백만달러) (Mil. $)	순유입 Net inflow (백만달러) (Mil. $)	유출비중 (%)
1992	751	256	1,007	2,736	663	2,073	24.2
1993	758	415	1,173	7,635	1,936	5,699	25.4
1994	458	224	682	8,596	6,686	1,910	77.8
1995	655	204	859	10,184	7,754	2,430	76.1
1996	745	263	1,008	12,464	7,977	4,487	64.0
1997	1,003	277	1,220	12,648	11,793	855	93.2
1998	810	1,156	1,966	16,403	11,662	4,741	71.1
1998. 1	53	211	264	1,465	475	990	32.4
2	113	271	384	2,563	734	1,829	28.6
3	90	196	286	2,454	1,294	1,160	52.7
4	77	97	174	1,021	1,237	-216	121.2
5	130	85	215	830	1,047	-217	126.1
6	62	99	161	746	1,146	-400	153.6
7	73	72	145	995	1,009	-14	101.4
8	44	30	74	751	852	-101	113.4
9	38	22	60	978	695	283	71.1
10	42	25	67	1,272	674	598	50.3
11	36	26	62	1,558	902	658	57.9
12	52	22	74	1,770	1,597	173	90.2
1999. 1	36	28	64	2,973	1,621	1,352	54.5
2	28	30	58	1,568	1,017	551	65.0
3	52	46	98	2,083	1,859	224	89.0
4	67	55	122	3,237	2,287	950	70.7
5	88	66	154	3,089	2,752	337	89.1
6	61	85	146	3,806	3,966	-160	104.2
7	77	73	150	5,065	5,374	-309	106.1
8	74	52	126	n.a	n.a	n.a	n.a
9	51	79	130	n.a	n.a	n.a	n.a

자료 : 금융감독원(금융통계월보, www.fss.or.kr)

주 : ① 외국인 주식거래대금은(매수+매도)/2의 금액임.

② 외국인 투자등록지수의 월별수치는 월중 등록자수임.

③ '98년 외화자금 은 증권투자기금(주식, 채권, 주가지수선물 및 옵션, 단기금융상품 포함)임.

• 비율=[(B+C)/(A×2)]×100

주 식 보 유 No. of Stock acquired by foreigners		외 국 인 상 장 주 식 거 래 대 금 Foreigners' Sales Value					년 월 During
소유주식수 No. of Stocks (백만주) (Mil. shr.)	상장주식수 Compared with Listed Stocks 대비(%)	매수(B) Purchase (억원) (100 Mil.won)	매도(C) Sals (억원) (100 Mil.won)	순매수 Net Purchase (억원) (190 Mil.won)	비율*(%) Ratio	전체(A) Market (억원)	
220.2	4.0	23,857	8,774	15,083	1.8	909,244	1992
503.3	8.7	64,186	20,892	43,294	2.4	1,699,181	993
634.8	9.2	60,986	51,682	9,304	2.5	2,297,326	994
762.3	10.0	75,387	61,774	13,613	4.8	1,427,597	995
989.2	11.5	101,628	70,013	31,615	6.0	1,426,423	996
819.7	9.1	110,720	105,111	5,609	6.7	1,622,817	997
1,204	10.5	609,200	431,476	177,724	4.6	1,928,452	998
888.6	9.8	24,361	7,225	17,136	8.3	189,656	1998. 1
977.3	10.4	31,538	9,474	22,064	10.1	204,140	2
1,041.8	10.8	17,091	11,472	5,619	9.1	157,231	3
1,062.6	10.6	9,002	7,717	1,285	8.8	95,138	4
1,057.3	10.5	8,543	9,281	-738	11.1	80,578	5
1,072.6	10.4	4,757	8,089	-3,332	7.8	82,624	6
1,075.6	10.2	9,013	8,601	412	7.1	123,494	7
1,148.8	10.7	6,417	7,013	-596	7.6	88,216	8
1,143.3	10.6	7,459	6,326	1,133	7.3	94,052	9
1,162.6	10.5	15,093	8,077	7,016	7.9	145,888	10
1,202.2	10.8	17,779	11,327	6,452	6.3	230,471	11
1,204.0	10.5	21,383	18,628	2,755	4.6	436,963	12
1,311.5	10.9	35,392	22,170	13,222	6.4	452,716	1999. 1
1,320.0	11.1	11,963	10,996	967	5.9	195,276	2
1,362.0	10.8	24,486	19,533	4,953	5.9	375,991	3
1,520.0	11.0	41,894	31,102	10,792	4.9	752,365	4
1,577.0	11.0	33,684	33,955	-271	5.7	594,085	5
1,630.0	10.8	36,131	42,628	-6,497	5.3	742,261	6
1,694.0	10.5	53,400	68,731	-15,331	5.1	1,194,078	7
1,904.0	11.4	35,888	49,748	-13,860	4.6	927,955	8
1,860.0	11.3	33,325	48,349	-15,024	5.4	761,116	9

❖ 기업자금조달 실적
Proceeds from Coporate Securities Offerings

년 월 During	기업 공 개 Going Public 모 집 New Issues 건수 cases	금액 Mil.won Amount (백만원)	매 출 Outstanding Shares 건수 cases	금액 Mil.won Amount (백만원)	유 상 증 자 Right offerings of Listed Co. 총 계 Total 건수 cases	금액 Mil.won Amount (백만원)	(우선주분) (Prefered Stock) 건수 cases	금액 Mil.won Amount (백만원)	코스닥공모 KOSDAQ offerings 모 집 New Issues 건수 cases	금액 Mil.won Amount (백만원)
1988	98	554,115	14	495,316	298	6,720,644	(20)	(632,519)	–	–
1989	110	1,468,558	16	1,582,412	274	11,124,538	(102)	(3,982,191)	–	–
1990	33	315,709	–	20,314	169	2,581,808	(15)	(560,166)	–	–
1991	21	226,894	–	–	136	2,180,178	–	–	–	–
1992	8	81,680	–	–	133	1,711,188	–	–	–	–
1993	7	181,245	–	–	171	2,788,862	–	–	–	–
1994	25	579,524	–	–	161	5,378,678	(1)	(24,800)	–	–
1995	35	531,010	1	49,132	163	5,583,890	–	–	–	–
1996	40	1,391,438	–	–	146	3,651,522	–	–	–	–
1997	23	479,299	–	–	109	2,676,317	16	–	16	82,078
1998	3	36,782	–	–	122	13,452,087	–	–	18	167,644
1998. 1	–	–	–	–	–	–	–	–	–	–
2	1	5,204	–	–	2	8,619	–	–	2	5,700
3	–	–	–	–	13	1,526,545	–	–	1	4,423
4	–	–	–	–	10	627,134	–	–	–	–
5	–	–	–	–	15	1,298,443	–	–	4	7,925
6	–	–	–	–	27	1,676,346	–	–	5	25,829
7	–	–	–	–	4	426,750	–	–	1	1,422
8	–	–	–	–	2	31,776	–	–	–	–
9	–	–	–	–	6	3,882,700	–	–	–	–
10	1	14,378	–	–	7	485,695	–	–	2	111,410
11	–	–	–	–	8	508,145	–	–	1	7,855
12	1	17,200	–	–	28	2,979,934	–	–	2	3,080
1999. 1	–	–	–	–	4	272,838	–	–	–	–
2	–	–	–	–	14	3,629,778	–	–	–	–
3	–	–	–	–	26	2,236,880	–	–	4	23,529
4	–	–	–	–	17	2,168,036	–	–	2	651,202
5	–	–	–	–	21	2,073,057	–	–	6	317,055
6	–	–	–	–	49	7,085,309	–	–	6	53,595
7	5	176,538	–	–	18	3,372,298	–	–	11	77,500

자료 : 금융감독원(금융통계월보)
주 : ① 기타 공모는 비상장법인의 주식공모, 모집설립의 경우임.
　　② 회사채는 1992년부터 리스채를 제외하고 1990년 1월부터 4월까지는 종금사 발행분 포함.

기 타 공 모 Other Public Offerings		주 식 합 계 Stocks Total		회 사 채 발 행 Corporate Bonds		총 계 Total		년 월 During
건 수 cases	금액 Mill.won Amount (백만원)	건 수 cases	금액 Mill.won Amount (백만원)	건 수 cases	금액 Mill.won Amount (백만원)	건 수 cases	금액 Mill.won Amount (백만원)	
–	–	410	7,770,075	1,063	4,244,320	1,473	12,014,395	1988
9	493,678	409	14,669,186	1,217	6,959,035	1,626	21,628,221	1989
–	–	205	2,917,831	1,776	11,083,555	1,981	14,001,386	1990
1	280,000	158	2,687,072	2,797	12,740,679	2,955	15,427,751	1991
18	557,021	159	2,349,889	2,382	11,137,260	2,541	13,487,149	1992
32	288,663	210	3,258,770	2,680	15,598,864	2,890	18,857,634	1993
12	289,592	198	6,247,792	2,710	20,033,160	2,908	26,280,952	1994
20	102,478	219	6,266,510	2,819	23,581,230	3,038	29,847,740	1995
24	242,868	210	5,285,828	3,206	29,902,514	3,416	35,188,342	1996
10	54,027	190	3,389,015	2,246	34,322,121	2,436	37,711,136	1997
11	501,555	154	14,158,068	1,096	55,970,299	1,250	70,128,367	1998
1	99,589	1	99,589	53	3,409,500	54	3,509,089	1998. 1
3	7,500	6	21,323	62	3,156,700	68	3,178,023	2
2	44,423	15	1,570,968	64	3,125,700	79	4,696,668	3
1	27,210	11	654,344	51	1,630,500	62	2,284,844	4
–	–	19	1,305,368	54	1,446,700	73	2,753,068	5
–	–	32	1,702,175	74	1,987,500	106	3,689,675	6
–	–	5	428,172	149	6,060,399	154	6,458,571	7
–	–	2	31,776	79	6,629,000	81	6,660,776	8
2	20,800	8	3,903,500	103	6,729,000	111	10,632,500	9
1	255,271	11	866,754	120	8,233,800	131	9,100,554	10
–	–	9	516,000	142	7,941,000	151	8,457,000	11
2	55,056	33	3,055,270	146	5,623,500	179	8,878,770	12
1	50	5	272,888	120	4,383,500	125	4,656,388	1999. 1
–	–	14	3,629,778	115	3,935,200	129	7,564,978	2
2	130,000	32	2,390,409	101	2,826,647	133	5,217,056	3
–	–	20	2,879,208	87	3,894,000	107	6,773,208	4
–	–	27	2,390,112	86	2,665,871	113	5,055,983	5
–	–	55	7,138,904	79	2,903,400	134	10,042,304	6
4	191,135	38	3,817,471	71	2,831,700	109	6,649,171	7

❖ 상장주식 증감추이
Sources of change in Capital Stock

년 월 During	신규상장 New Listing		상장폐지 Delisting		무상증자 Gratis		유상증자 Right offering		전환사채주식전환 Conversion		주식배당 Stock Dividened	
	회사수 No. of Cos	금액 Amount (억원)(100 M.won)	건 수 cases	금액 Amount (억원)(100 M.won)	건 수 cases	금액 Amount (억원)(100 M.won)	건 수 cases	금액 Amount (억원)(100 M.won)	건 수 cases	금액 Amount (억원)(100 M.won)	건 수 cases	금액 Amount (억원)(100 M.won)
1988	115	16,802	2	1,070	98	2,385	296	30,093	103	381	–	–
1989	124	48,827	–	–	253	14,035	268	21,991	332	1,215	–	–
1990	43	4,229	–	–	191	10,920	208	11,533	181	769	–	–
1991	22	3,979	5	1,287	130	2,447	116	8,451	164	906	–	–
1992	4	1,147	2	255	164	2,611	157	10,523	140	1,280	–	–
1993	8	1,154	3	246	174	4,285	176	11,399	123	663	–	–
1994	31	16,186	25	1,779	172	2,847	178	22,667	242	2,372	–	–
1995	28	6,443	6	911	58	2,110	171	21,479	555	3,755	132	2,367
1996	51	25,752	12	3,428	53	3,400	159	14,319	325	1,993	131	1,610
1997	23	4,026	7	1,350	48	1,579	109	9,781	457	4,898	107	1,496
1998	3	14,560	31	13,889	35	6,476	131	124,007	173	3,033	77	1,066
1998. 6	–	–	–	–	8	1,753	18	9,030	12	75	8	72
7	–	–	10	3,039	7	1,974	26	10,395	9	14	4	25
8	–	–	2	660	2	351	6	3,795	13	470	–	–
9	–	–	–	–	–	–	1	1,470	13	44	2	10
10	–	–	–	8	1	75	9	34,999	14	91	–	–
11	1	92	–	3	4	678	9	5,217	19	59	–	–
12	1	14,396	–	3	1	18	15	5,072	35	731	1	14
1999. 1	1	81	11	28,755	28	3,960	22	26,220	50	3,020	–	–
2	1	503	8	14,805	5	779	9	1,450	24	646	1	3
3	1	1,099	3	3,255	8	307	18	37,624	52	2,550	8	33
4	4	5,467	2	1,471	6	1,415	33	40,729	71	1,623	45	588
5	0	0	2	406	3	179	26	21,188	103	2,384	0	0
6	4	6,603	1	564	8	2,198	31	17,094	79	1,674	12	703
7	1	1,537	4	6,753	12	190	51	36,829	119	2,888	1	4
8	8	6,233	2	976	9	273	17	4,389	121	965	0	0
9	1	1,459	1	18,793	4	242	14	4,952	106	1,275	0	0

자료 : 한국증권거래소(주식), 금융감독원(금융통계월보)

주 : 1994년까지의 신주인수권행사와 DR발행은 유상증자에, 주식배당은 무상증자분에 포함.

합병증자 Acquisition		신주인수권행사 Bond with Rights		D R 발행 Depository Receipts		감 자 Reduction		합 계 Total		상장회사(연월말) Listed Company		년 월 During
건수 cases	금 액 Amount (억원) (100 Mil.won)	건수 cases	금 액 Amount (억원) (100 Mil.won)	건수 cases	금 액 Amount (억원) (100 Mil.won)	건수 cases	금 액 Amount (억원) (100 Mil.won)	건수 cases	금 액 Amount (억원) (100 Mil.won)	회사수 (연월말) No. of company End of Year or Month	자본금 (연월말) (억원) (100 Mil.won)	
8	1,094	-	-	-	-	1	30	620	49,655	502	125,604	1988
3	694	-	-	-	-	2	251	982	86,512	626	212,115	1989
4	278	-	-	-	-	1	29	640	27,701	669	239,816	1990
2	483	-	-	-	-	-	-	429	15,280	686	255,096	1991
7	272	-	-	-	-	2	27	472	15,550	688	270,647	1992
3	97	-	-	-	-	1	11	482	17,361	693	288,007	1993
7	13,750	-	-	-	-	4	24	601	56,018	699	344,026	1994
7	494	3	3	7	704	-	-	955	36,445	721	380,470	1995
14	3,760	12	112	7	2,451	4	523	736	49,449	760	429,919	1996
6	520	3	65	4	841	3	238	747	21,619	776	451,537	1997
11	2,659	4	1	1	33	22	40,829	385	97,119	748	548,660	1998
1	1,009	-	-	-	-	1	19	44	10,754	772	505,873	1998. 6
-	-	-	-	-	-	-	-	36	9,369	762	515,242	7
1	86	-	-	-	-	-	-	20	4,042	760	519,284	8
2	12	-	-	-	-	2	861	16	676	760	519,960	9
2	226	-	-	-	-	2	16,492	16	12,305	752	532,264	10
-	-	1	-	-	-	7	3,436	24	1,561	750	533,825	11
3	785	3	1	-	-	5	5,345	51	14,831	748	548,656	12
7	23,592	4	20	-	-	2	394	125	27,744	738	576,400	1999. 1
1	18,543	4	21	-	-	5	11,473	58	-4,334	731	572,066	2
3	2,393	7	402	-	-	11	10,312	111	30,841	729	602,906	3
3	1,097	8	419	1	2,022	9	3,615	182	48,274	731	651,180	4
2	108	13	189	-	-	7	1,132	156	22,510	729	673,490	5
1	375	17	217	1	1,214	1	234	155	29,280	732	702,769	6
5	5,966	15	1,019	1	32	1	340	210	41,372	729	744,141	7
6	3,012	7	72	1	9,275	7	4,424	178	18,819	735	762,960	8
1	1,960	8	60	-	-	3	357	138	-9,203	735	753,758	9

❖ 코스닥 등록 주식증감추이
Souroes of Change in Registered Capital Stock(KOSDAQ)

년 월 During	등록회사 Registered Company		신규등록 New Registering		등록취소 Deregistering		무상증자 Grats		유상증자 Right of offering	
	회사수 No. of Cos. (연월말) End of Year or Month	자본금 Capital stock (억원) (100 Mil.won)	건 수 cases	금 액 Amount (억원) (100 Mil.won)	건 수 cases	금 액 Amount (억원) (100 Mil.won)	건 수 cases	금 액 Amount (억원) (100 Mil.won)	건수 cases	금 액 Amount (억원) (100 Mil.won)
1992	126	14,701	55	6,090	6	158	-	-	-	-
1993	209	27,111	89	11,730	6	275	-	-	-	-
1994	310	33,081	118	11,831	17	6,940	-	-	-	-
1995	340	38,851	48	2,453	78	1,114	-	-	-	-
1996	331	31,018	31	1,676	40	11,131	35	520	89	1,423
1997	359	34,947	83	3,678	55	3,517	23	2,412	61	1,004
1998	331	54,078	8	-	36	-	-	-	-	-
1998. 1	361	35,035	2	61	-	-	-	-	3	23
2	360	35,021	-	-	1	50	-	-	3	33
3	358	35,006	-	-	2	98	2	64	4	20
4	351	34,648	-	-	7	464	-	-	1	40
5	353	34,776	2	64	-	-	3	48	3	10
6	352	34,784	-	-	1	27	-	-	4	30
7	351	34,785	1	12	2	57	2	32	4	13
8	334	31,612	-	-	17	3,173	-	-	1	1
9	335	32,023	1	404	-	-	-	-	1	1
10	335	30,388	1	20	1	83	-	-	2	2,200
11	334	54,071	1	9,200	2	99	1	8	7	16,295
12	331	54,078	-	-	3	82	3	57	5	26
1999. 1	329	54,786	-	-	2	107	12	746	4	52
2	329	55,535	2	761	2	110	4	316	1	6
3	328	56,871	5	1,630	6	1,385	2	38	3	1,026
4	335	62,360	8	2,813	1	16	2	111	12	2,596
5	339	70,848	6	2,168	2	142	2	13	6	7,411
6	345	73,873	7	2,684	1	50	2	26	7	400
7	340	77,172	7	3,094	12	599	2	19	9	4,566
8	354	86,698	16	8,063	2	2,201	1	22	16	8,238
9	361	93,871	8	6,822	1	29	4	47	13	1,311

자료 : 한국증권업협회

전환사채주식전환 Conversion		주 식 배 당 Stock Dividend		합 병 증 자 Acquisition		감 자 Reduction		합 계 Total		년 월 During
건 수 cases	금 액 Amount (억원) (100 Mil.won)	건 수 cases	금 액 Amount (억원) (100 Mil.won)	건 수 cases	금 액 Amount (억원) (100 Mil.won)	건 수 cases	금 액 Amount (억원) (100 Mil.won)	건 수 cases	금 액 Amount (억원) (100 Mil.won)	
-	-	-	-	-	-	-	-	-	-	1992
-	-	-	-	-	-	-	-	-	-	1993
-	-	-	-	-	-	-	-	-	-	1994
-	-	-	-	-	-	-	-	-	-	1995
6	15	8	26	4	195	1	84	214	△7,360	1996
12	71	7	18	3	21	2	77	246	3,610	1997
-	-	-	-	-	-	-	-	-	-	1998
1	3			1	0.5	-	-	7	87.5	1998. 1
-	-	-	-	1	3	-	-	5	△14	2
-	-	-	-	-	-	-	-	8	△14	3
-	-	2	0.9	1	59	-	-	11	△364.1	4
2	6	-	-	-	-	-	-	10	128	5
-	-	1	5	-	-	-	-	6	8	6
1	2	-	-	-	-	1	1	11	1	7
-	-	-	-	-	-	-	-	18	△3,172	8
-	-	-	-	1	2	-	-	3	407	9
1	50	-	-	1	9	1	3,830	7	△1,634	10
-	-	-	-	2	8	1	1,730	14	23,682	11
2	6	-	-	-	-	-	-	13	7	12
2	12	-	-	1	5	-	-	21	708	1999. 1
-	-	-	-	1	6	1	230	11	749	2
1	4	1	1	1	21	-	-	19	1,335	3
3	37	0	0	0	0	2	53	28	5,488	4
9	84	1	0.4	0	0	2	1,048	28	8,486	5
6	70	0	0	0	0	2	105	25	3,025	6
12	567	0	0	0	0	1	347	43	7,300	7
9	54	0	0	0	0	0	0	44	14,176	8
12	32	0	0	0	0	0	0	38	8,183	9

❖ 채권장외거래실적(채권종류별 일반채권)
OTC Bond Trading by Issues

년 월 During	국 채 Gov. Bonds		지 방 채 Municipal Bonds		특 수 채 Special Laws Bonds	
	매 도 Sale	매 수 Purchase	매 도 Sale	매 수 Purchase	매 도 Sale	매 수 Purchase
1988	2,600,029	1,966,133	235,946	235,871	3,100,667	2,443,779
1989	2,324,140	1,105,253	226,870	286,141	1,366,441	890,709
1990	3,769,108	1,254,162	492,378	382,105	854,353	401,906
1991	3,809,318	1,517,042	594,548	576,456	1,285,452	785,338
1992	5,759,285	2,927,016	1,258,609	1,244,024	6,436,034	3,691,442
1993	3,245,949	2,652,214	1,408,777	1,370,332	8,720,941	5,643,782
1994	2,866,541	2,698,281	1,446,022	1,427,835	10,555,425	7,179,454
1995	6,399,083	6,581,874	2,815,873	3,508,449	17,073,360	11,473,506
1996	6,368,945	5,714,929	3,940,150	3,889,876	18,746,641	8,908,360
1997	9,004,501	8,680,721	3,499,006	3,374,939	23,250,890	13,841,647
1998	32,871,827	29,731,161	6,262,339	5,336,499	49,261,393	33,827,599
1998. 1	1,018,739	1,003,968	131,884	250,651	1,537,822	943,864
2	867,713	717,795	100,475	93,892	2,066,461	1,359,369
3	2,172,542	1,916,359	169,365	147,906	3,713,010	2,204,562
4	851,982	726,616	389,016	215,483	2,491,645	1,480,353
5	1,015,116	713,335	496,450	344,897	1,971,906	1,417,773
6	1,949,020	1,637,712	644,234	644,671	4,265,940	2,454,836
7	1,848,952	1,691,020	731,317	626,523	4,503,588	2,814,939
8	1,736,961	1,625,215	365,903	223,562	3,706,880	2,214,088
9	2,043,470	1,674,965	338,813	296,553	4,641,004	3,668,230
10	7,010,449	6,450,683	893,279	913,552	6,158,401	4,277,072
11	5,998,887	5,678,306	913,022	673,580	6,860,731	4,345,952
12	6,357,996	5,895,187	1,088,581	905,229	7,344,005	6,246,561
1999. 1	7,646,004	6,529,774	1,362,615	1,054,817	8,172,556	5,716,654
2	5,693,730	5,162,428	653,953	626,912	9,488,227	7,852,238
3	10,987,395	10,105,101	2,327,115	1,720,609	16,650,888	14,395,927
4	44,650,728	44,700,138	2,791,468	2,580,356	23,785,205	21,534,963
5	35,042,394	33,693,712	779,278	847,566	12,060,349	10,775,599
6	90,917,025	91,657,037	1,163,932	1,161,325	18,142,167	16,297,242
7	7,083,107	7,386,363	1,537,414	1,443,781	12,582,996	11,636,083
8	5,245,115	5,093,342	584,860	552,366	6,414,117	5,605,077
9	9,154,240	8,062,191	580,531	1,233,793	5,532,906	5,150,726

주 : 소액채권(건당 500만원 미만, 1986. 6.26 이전은 300만원 미만) 및 환매조건부채권매매거래실적은 제외함.
자료 : 한국증권업협회

금 융 채 Financial Debentures		회 사 채 Corporate Bonds		계 Total		중 개 Agent Transaction	년 월 During
매 도 Sale	매 수 Purchase	매 도 Sale	매 수 Purchase	매 도 Sale	매 수 Purchase		
11,700,423	6,298,272	2,875,895	1,825,536	20,512,960	12,769,591	42,926	1988
14,675,409	8,218,368	4,126,404	2,157,031	22,719,264	12,657,502	94,982	1989
11,969,491	6,087,559	6,511,134	3,423,877	23,596,464	11,549,609	146,752	1990
15,564,142	10,558,042	12,313,163	8,921,722	33,566,623	22,358,600	1,901,818	1991
19,765,121	13,986,703	19,369,181	13,241,250	52,588,230	35,090,435	2,088,672	1992
23,219,469	15,908,442	36,796,378	28,265,596	73,391,514	53,840,366	2,357,700	1993
26,290,830	18,545,627	49,632,209	35,004,441	90,791,027	64,855,638	711,948	1994
28,913,957	23,620,190	69,708,346	51,535,888	124,910,619	96,719,887	55,989	1995
25,457,750	15,422,195	84,066,246	56,453,508	138,579,732	90,388,868	11,277	1996
34,460,465	23,211,516	94,739,578	64,839,842	164,954,440	113,948,665	-	1997
140,493,435	78,845,838	247,211,782	204,241,076	476,100,776	351,982,173	288,947	1998
5,603,405	3,261,464	14,447,260	11,935,625	22,739,110	17,395,572	24,700	1998. 1
6,860,277	3,749,882	14,075,836	11,509,989	23,970,762	17,430,927	11,688	2
11,442,081	7,185,874	15,357,188	11,470,914	32,854,186	22,925,615	159,791	3
15,950,940	7,521,819	9,749,852	9,122,945	29,433,435	19,067,216	35,997	4
13,219,705	4,730,971	10,185,604	9,244,395	26,888,781	16,451,371	40,473	5
13,532,291	6,726,191	14,507,605	13,066,593	34,899,090	24,530,003	-	6
9,801,596	5,637,683	29,194,108	24,267,096	46,079,561	35,037,261	-	7
10,726,230	6,419,556	24,329,937	19,168,808	40,865,911	29,651,229	-	8
12,099,542	5,961,790	25,137,258	19,436,895	44,260,087	31,038,433	-	9
14,314,933	8,565,181	31,564,971	25,923,910	59,942,033	46,130,398	-	10
12,255,089	8,261,452	26,640,591	21,404,552	52,668,320	40,763,842	-	11
14,687,346	10,823,975	32,021,572	27,689,354	61,499,500	51,560,306	6,718	12
21,272,627	15,015,600	23,779,834	20,356,848	62,233,636	48,673,693	6,718	1999. 1
14,035,210	11,069,902	19,336,420	16,505,871	49,207,540	41,217,351	-	2
23,881,672	20,370,356	24,200,638	22,736,420	78,047,708	69,328,413	-	3
32,533,205	29,316,714	43,077,778	42,299,865	146,838,384	140,432,036	120,000	4
16,717,552	15,914,476	16,717,552	15,746,383	81,538,675	76,977,736	-	5
19,132,921	17,424,933	28,020,363	26,186,139	157,376,408	152,726,676	-	6
24,802,905	23,912,098	28,279,754	23,718,261	74,286,176	68,096,566	-	7
12,210,095	12,072,215	17,321,235	16,383,923	41,775,422	39,706,923	-	8
13,329,096	12,542,288	12,719,448	12,429,862	41,316,221	39,418,860	-	9

❖ 채권장외거래수익률
OTC Bend Final

년 월 During	국 채 Gov. Bonds	통 안 증 권 Monetary Stabilization Bonds	한 전 채 KEPCO Bonds	금 융 채 Financial Debentures	회 사 채 Corporate Bonds
1995. 1	14.00	14.00	-	15.30	15.20
2	14.20	14.20	-	16.40	15.45
3	13.50	14.20	-	14.65	14.20
4	13.55	14.20	-	14.67	14.70
5	13.40	14.20	-	15.00	14.97
6	13.00	14.20	-	15.10	14.66
7	12.50	14.00	-	14.00	13.90
8	11.85	13.05	-	13.00	12.98
9	11.00	12.80	-	12.80	12.55
10	10.65	12.40	-	12.10	12.03
11	9.85	11.80	-	11.65	11.66
12	9.55	11.75	-	11.80	11.93
1996. 1	10.60	11.90	-	12.10	12.04
2	10.50	11.85	-	11.90	11.86
3	10.70	11.70	-	11.60	11.44
4	9.95	10.20	-	10.10	10.44
5	10.50	11.50	-	11.55	11.36
6	10.95	12.05	-	12.20	11.70
7	11.20	12.40	-	12.73	12.10
8	11.70	12.80	-	13.10	12.14
9	11.40	12.80	-	13.35	12.40
10	11.20	12.80	-	12.80	12.05
11	11.30	12.80	-	12.95	12.28
12	11.50	12.80	-	13.05	12.60
1997. 1	11.10	12.80	-	12.50	12.00
2	11.10	12.40	-	12.50	12.40
3	11.65	12.60	-	13.10	12.50
4	11.45	12.60	-	12.89	12.50
5	11.20	12.60	-	12.58	11.90
6	11.10	12.20	-	12.33	11.75
7	11.25	12.20	-	12.24	11.90
8	11.35	12.20	-	12.55	12.16
9	11.25	12.80	-	13.22	12.60
10	11.25	12.80	-	13.00	12.60
11	13.95	14.35	-	14.50	15.10
12	17.15	14.80	-	22.00	28.98
1998. 1	15.95	14.80	-	18.50	18.50
2	15.20	14.80	-	20.50	20.50
3	15.20	14.80	-	19.10	18.28
4	15.20	14.80	-	18.01	17.70
5	15.20	14.80	-	17.80	17.82
6	13.40	14.80	14.10	14.75	16.00
7	11.80	11.75	11.79	11.80	12.30
8	11.45	10.70	11.40	10.73	11.70
9	11.80	11.10	11.68	11.10	11.90
10	9.20	8.20	8.80	8.30	10.00
11	8.45	8.00	8.23	8.00	9.25
12	7.30	7.25	7.20	7.30	8.00
1999. 1	8.38	6.98	7.55	7.07	8.13
2	8.58	6.76	7.72	6.93	8.65
3	7.58	6.73	7.47	6.92	8.10
4	7.48	6.46	7.48	6.51	7.74
5	8.29	6.60	7.76	6.69	8.37
6	8.00	6.60	7.58	6.71	7.96
7	8.70	7.92	8.86	7.94	9.23
8	9.57	8.40	9.71	8.50	10.26
9	9.78	8.53	9.56	8.63	9.95

주 : 1. 채권종류별 월별수익률은 월말기준 수익률임.
   2. 최종호가수익률은 증권회사(10사)의 오후 4시(토요일은 오전 11시) 현재의 국채(국민주택1종, 잔존기간 4년6월~5년월), 통안증권
   (364일, 잔존기간 10월~1년), 산금채(1년, 잔존기간 10월~1년1월), 한전채(3년, 잔존기간 2년9월~3년), 회사채(무보증

❖ 최종호가수익률
Qutation Yields

(단위 : %)

C D Certificate of Deposits	C P Commercial Paper	양곡증권 Grain Bonds	국고채권(3년) National Debt management Fund Bond(3yrs)	국고채권(5년) National Debt management Fund Bond(5yrs)	년 월 Duling
16.54	-	-	-	-	1995. 1
16.50	-	-	-	-	2
14.40	-	-	-	-	3
14.70	-	14.40	14.60	14.10	4
14.80	-	14.85	14.85	14.20	5
15.05	-	14.80	14.60	13.80	6
13.90	-	13.90	13.80	13.20	7
13.20	-	13.00	12.90	12.40	8
12.80	-	12.70	12.55	11.85	9
12.02	-	12.30	12.00	11.45	10
11.88	-	11.75	11.75	11.15	11
12.30	-	11.75	11.80	11.05	12
11.60	-	11.90	12.10	11.40	1996. 1
11.67	-	11.90	12.00	11.40	2
11.35	-	11.70	11.65	11.40	3
10.05	-	10.20	10.40	10.40	4
12.00	-	11.45	11.35	11.20	5
12.65	-	12.05	11.70	11.55	6
13.70	-	12.45	12.00	11.85	7
15.00	-	12.95	12.35	12.15	8
14.40	-	12.95	12.10	12.10	9
13.80	-	12.80	12.10	11.90	10
13.45	-	12.90	12.15	12.00	11
13.35	-	12.90	12.20	12.15	12
12.35	-	12.85	12.20	12.15	1997. 1
12.45	-	12.70	12.20	12.00	2
13.45	-	12.80	12.40	12.20	3
13.10	-	12.75	12.40	12.20	4
12.24	-	12.75	12.40	12.20	5
12.00	-	12.15	11.65	11.70	6
12.00	-	12.20	11.65	11.70	7
13.35	-	12.20	11.65	11.70	8
13.75	-	12.20	11.65	11.70	9
13.70	-	12.20	11.65	11.70	10
15.50	-	14.35	13.90	13.30	11
25.00	-	18.20	15.00	16.70	12
21.75	-	18.35	17.45	16.05	1998. 1
23.50	-	18.40	15.00	16.60	2
21.00	-	18.35	17.45	16.05	3
19.30	-	18.25	16.80	16.05	4
17.70	-	17.85	17.00	16.25	5
16.30	16.30	14.60	14.00	13.55	6
12.00	12.39	11.80	11.75	11.60	7
10.00	10.62	10.75	11.30	11.25	8
10.12	10.50	11.10	11.50	11.70	9
7.70	7.90	8.15	8.50	8.90	10
7.70	7.90	8.00	8.10	8.40	11
7.70	7.90	7.25	6.95	7.25	12
6.77	7.12	7.02	7.05	8.20	1999. 1
6.60	6.93	6.86	6.96	8.45	2
6.55	6.90	6.83	6.50	7.39	3
5.80	6.02	6.48	6.66	7.17	4
6.25	6.35	6.65	6.67	7.85	5
6.36	6.40	6.65	7.20	7.89	6
7.21	7.54	7.90	8.45	8.88	7
7.35	8.23	8.45	9.11	9.60	8
7.70	7.87	8.61	9.03	9.84	9

3년, 잔존기간 2년9월~3년), CD(91일, 잔존기간 85일~91일), CP(91일, 잔존기간 85일~91일), 양곡증권(1년, 잔존기간 10월~1년),
국고채권(3년, 잔존기간 2년9월~3년), 국고채권(5년, 잔존기간 4년7월~5년)호가를 기준으로 산출

3. '98. 3월이전 회사채수익률은 은행보증3년 회사채수익률임. '98. 4월~8월 회사채 수익률은 보증보험보증 3년 회사채 수익률임.